um outro olhar sobre a
ANSIEDADE

GERENTE EDITORIAL
Roger Conovalov

PROJETO GRÁFICO
Lura Editorial

DIAGRAMAÇÃO
Juliana Blanco

REVISÃO
Mitiyo S. Murayama

CAPA
Lura Editorial

Todos os direitos desta edição são reservados a Antonio Virgílio (MTb 18.409).

FUNDAÇÃO ACL
Rua Capitão Cavalcanti, 297 - Vila Mariana
São Paulo, SP - CEP 04017-000
Fone: (11) 5549-3880
WhatsApp: (11) 98792-1429

Todos os direitos reservados. Impresso no Brasil.
Nenhuma parte deste livro pode ser utilizada, reproduzida ou armazenada em qualquer forma ou meio, seja mecânico ou eletrônico, fotocópia, gravação etc., sem a permissão por escrito do autor.

Dados Internacionais de Catalogação na Publicação (CIP)
Elaborada por Bibliotecária Janaina Ramos – CRB-8/9166

V816

Virgílio, Antonio
Um outro olhar sobre a ansiedade: descubra as razões por que vivemos sempre ansiosos / Antonio Virgílio – São Caetano do Sul - SP: Lura Editorial, 2021.

192 p.; 14 X 21 cm
ISBN 978-65-86626-57-5

1. Ansiedade 2. Transtorno de ansiedade 3. Análise do comportamento I. Virgílio, Antonio. II. Título.

CDD - 152.46

Índice para catálogo sistemático
I. Transtorno de ansiedade : Ansiedade : Análise do comportamento

Fundação ACL
E-mail: acl@acl.org.br
Site: www.acl.org.br

um outro olhar sobre a
ANSIEDADE

ANTONIO VIRGÍLIO

Descubra as razões
por que vivemos
sempre ansiosos

FUNDAÇÃO ACL

PARA

Celeste Arneiro
Marcos e Daniela
Alessandro e Gael

AGRADECIMENTOS

Sou imensamente grato a quantos me apoiaram na viagem interior ao autoconhecimento. Entre tantos, inumeráveis, eu não poderia deixar de citar Paulo Gaudencio e Jeannette B. Dente (ambos *in memoriam*), Sumie Iwasa, Marina Simas Lima e meus alunos na Fundação ACL.

SUMÁRIO

Apresentação 11

A arte de ouvir 13

Imaginação 19

Mente humana 25

O inconsciente 31

Ansiedade 37

Eu idealizado 45

Conflitos 51

Neurose 57

Inibição 63

O início 69

O autoanulador 75

O expansivo 81

O resignado 87

Projeção 93

Autoproteções - I 99

Autoproteções - II 105
Imutabilidades 111
Medos 117
Sentimento de culpa 123
Exigências neuróticas 129
Significados 135
A mulher hoje 143
Prosseguir 149
Autoridade 155
Liderança 163
Modernidades 169
Felicidade 175

Notas 183
Referências bibliográficas 189

APRESENTAÇÃO

"Um outro olhar sobre a ansiedade" é o primeiro livro editado sob a chancela da Fundação ACL. Seu conteúdo toma como ponto de partida e inspiração os cursos de formação humana e de liderança ministrados nessa instituição e baseados na exclusiva Técnica ACL. Os temas aqui desenvolvidos coincidem, na maioria, com aqueles contidos nas apostilas e nas apresentações feitas nas aulas, sejam presenciais ou online. Desse modo, a leitura do livro torna-se também importante subsídio aos cursos gratuitos da Fundação ACL voltados para o autoconhecimento. Redigido em linguagem coloquial, o conteúdo é facilmente assimilável também por aqueles que ainda não tiveram o privilégio da explanação em aula.

Entretanto, "Um outro olhar sobre ansiedade" não se configura como um resumo das apostilas e aulas citadas. O autor, jornalista de profissão e professor na Fundação ACL desde 2006, insere também ao longo do livro observações e conclusões de cunho pessoal baseadas em suas vivências, leituras e observações do comportamento humano.

O leitor terá assim talvez o primeiro contato com a riqueza de temas que, nas aulas, são desenvolvidos de modo mais abrangente e com maior profundidade.

Sumie Iwasa
Fundação ACL

A arte de ouvir

Você provavelmente acredita que conhece bem a própria voz, não é mesmo? Sabe como ela é e como soa para os outros. Sinto dizer, mas talvez esteja enganado.

A voz que você ouve, vinda da garganta, é a repercussão do som das cordas vocais na caixa craniana. É diferente o som que os outros, do lado "de fora", ouvem. Duvida? Experimente gravar um diálogo seu com alguém. Ao ouvir a gravação, vai perceber que só a voz alheia não mudou. A sua ficou irreconhecível – e detestável, provavelmente.

Mas não me refiro a essa voz, e sim à voz interior. Essa talvez você conheça menos ainda. Precisa conhecer. A voz interior são seus sentimentos, emoções, valores, interesses, prioridades. São o que você expressa e também o que você não encontra palavras para expressar. Quando você a identifica, percebe o quanto ela é livre, forte, autêntica. Vê o quanto ela o conduz rumo ao autoconhecimento, base de toda relação humana construtiva.

Conhecer a própria voz em toda a sua amplitude exterior e interior não é tão simples. Você sabe qual impacto ela provoca no ambiente? Ela é agressiva ou acolhedora? Você faz pausas para dar vez ao outro ou dispara conselhos que ninguém pediu? Sua voz é clara, estridente ou mal articulada? Gera tédio ou entusiasmo?

Na voz, manifestam-se traços da personalidade. Certo jovem falava num tom quase inaudível. No tom de voz "para dentro", estava a resposta: ele era um "buraco negro", que puxava tudo para si. Recusava-se a compartilhar tanto sentimentos quanto ideias. Outro jovem dava à voz um tom sibilante quando mentia ou exagerava méritos próprios. Ele não percebia isso. Talvez se intrigasse por lhe negarem crédito.

Em ambos os casos, a voz exterior revelava a voz interior.

Quando falta bom autoconhecimento, a voz exprime às vezes o que a gente gostaria de esconder. Atos falhos, já ouviu falar? E *lapsus linguae*? A expressão latina refere-se aos lapsos de linguagem que dizem o contrário daquilo que se pretende dizer. Imagine o quanto o inconsciente se diverte pregando peças assim. Já houve gente dando parabéns em velório ou dizendo "até logo" à visita que chega.

Comece a reparar como você manifesta o que é em tudo aquilo que faz. "Ouvir a própria voz" passa a ganhar um significado bem mais amplo.

Entregue a um bom grafólogo, por exemplo, um texto manuscrito seu e ele lhe dirá traços insuspeitados de sua personalidade. Ele "ouviu" a voz que você expressou sem querer em sua grafia.

Você pode também "ouvir" um artista por meio de sua obra. É a "grafia" dele. Um pintor, por exemplo, se mostra na tela de modo inconsciente. C. G. Jung afirma até que, em al-

> Você observa bem a própria voz? Então, como ela é de fato?

gumas telas, se vê a "característica da fragmentação, expressa nas assim chamadas linhas de ruptura, uma espécie de fendas de rejeição psíquica".[1]

Autoconhecimento implica saber que estão dentro de você as respostas que procura. Elas não vêm do exterior, porque não estão lá. Sócrates empregava o método, que chamou de maiêutica, de fazer perguntas para chegar à verdade de cada um. Maiêutica, termo originário do grego, significa "ajudar a dar à luz". Sócrates comparava seu método ao de sua mãe, Fenarete, que era parteira. Ele não dava respostas. Entendia que todos têm o conhecimento dentro de si e, por meio das perguntas, levaria cada discípulo a descobri-lo.

Ouvir a voz do outro, por sua vez, é dar mais atenção aos atos que às palavras. "As pessoas dizem o que pensam, mas fazem o que sentem". Guarde essa frase lapidar do psiquiatra Paulo Gaudencio. Você talvez conheça gente que vive justificando o que faz ou deixa de fazer. Sem que nada lhes tenha sido perguntado, antecipam-se em explicações. O bom ouvinte observa o comportamento e se faz de surdo à justificativa. As pessoas se definem por seus atos.

Palavras podem iludir, mesmo ditas sem segundas intenções. Por princípio, elas não refletem o todo da realidade. São limitadas. Há sentimentos que você não consegue traduzir em palavras. O ilustrador Tsai Chih Chung[2] termina a narração de uma fábula zen budista falando sobre o dedo que aponta para a Lua. A Lua está lá no alto, inacessível, não está no dedo. Palavras são apenas o dedo que aponta para a verdade.

Se você tiver oportunidade de consultar o *I Ching*, o clássico Livro das Mutações chinês, se verá diante de formulações vagas. Palavras vazias de sentido, pensará talvez. Mas as palavras, ali, são apenas caminho para o entendimento do significado dos hexagramas.³ O caminho não abarca toda a sabedoria contida neles. Palavras ficam sempre aquém do conteúdo que elas querem exprimir. (Isso se aplica ao *I Ching* e a todos os aspectos da vida.)

"Conhece-te a ti mesmo" – lia-se à entrada do Oráculo de Delfos, templo dedicado na Grécia antiga ao deus Apolo. Lá dentro, as sacerdotisas cantavam em versos seus oráculos aos que vinham pedir predições do futuro. Os versos eram dúbios, confusos. A interpretação ficava por conta do consulente. O aforismo da entrada era um alerta: sem autoconhecimento, não se entenderá o recado da sacerdotisa.

> Você costuma rotular pessoas *a priori*, antes de um convívio maior?

De nada adianta a realidade lhe dar uma informação se você não estiver preparado para ouvi-la. Só o autoconhecimento permite isso. Sem ele, é também impossível que conheça quem quer que seja. Aí, seus contatos pessoais vão se resumir a visões distorcidas daqueles com quem convive. Talvez não perceba, mas você vira especialista em rotular pessoas. A partir de distorções, toma atitudes improdutivas, frequentemente agressivas.

Há cerca de 2.500 anos viveu na China o general Sun Tzu. São escassos os fatos de sua biografia, mas seu clássico *A Arte da Guerra* chegou até nossos dias. Ao encerrar o que se pode chamar de parte três da obra, Sun Tzu faz uma observação: "Aquele que conhece o inimigo e a si mesmo não correrá perigo algum em cem confrontos. Aquele que não conhece o inimigo mas conhece a si mesmo será por vezes vitorioso e por vezes encontrará a derrota. Aquele que não conhece o inimigo e tampouco a si mesmo será invariavelmente derrotado em todos os confrontos".[4]

Interessante observar que Sun Tzu nem cogita a quarta hipótese, de tão impossível que ela é: a de o general não conhecer a si mesmo e conhecer o inimigo. Você também jamais conhecerá o outro se antes não conhecer a si mesmo.

Pense nas relações pessoais mais ou menos como uma guerra de reduzidas proporções. Mesmo num contato superficial e passageiro, você buscará dominar o outro – ou ao menos não se deixar invadir por ele. Isso é natural e acontece de modo sutil. A pergunta a fazer é como você vivencia a relação com as pessoas. Você agride ou cativa? Elogia ou critica? Ouve apenas ou interpreta? Sente-se superior ou se diminui? Dá liberdade ou cria dependência? Promove entusiasmo ou gera tédio?

O autoconhecimento lhe dá a chance de fazer a escolha mais adequada a cada situação. Quem não ouve a própria voz interior não se conhece. Prejudica a si mesmo e ao ambiente em que vive. Fecha portas sem saber. O fracasso vem a galope.

O caminho do autoconhecimento é longo e costuma ser espinhoso. O passo inicial consiste na intenção de mudar. Quem já se considera dono da verdade não muda. Joga para debaixo do tapete tudo aquilo que não quer admitir. Saiba que mudar para uma atitude mais saudável requer coragem moral. É preciso humildade para reconhecer que errou. Inteligência importa menos nessa hora – isso quando não atrapalha com desculpas bem refinadas. Aliás, ninguém muda porque entende, mas se entende é porque já mudou. Lao-Tsé[5], a propósito, escreveu no *Tao Te Ching*: "Quem possui a verdadeira sabedoria não precisa de erudição". Mais à frente, confirma: "Quem conhece a própria ignorância revela a mais alta sabedoria. Quem ignora a própria ignorância vive na mais profunda ilusão".

Segundo o escritor americano John Barth, o autoconhecimento é uma má notícia. Se não sempre, ao menos com frequência! Se você está disposto a ouvir más notícias sobre si mesmo, siga em frente. Elas lhe farão bem, ao final. Mas não se espante pelo que diz John Barth. Boas notícias também surgirão – e serão compensadoras – no árduo caminho do autoconhecimento. Mesmo porque muita gente, além de você, colherá os bons frutos de sua viagem interior.

Imaginação

Segundo definição dada por Anna R. Nabergoi[6], vida psíquica é "um complexo de atividades ofensivas e defensivas cujo propósito é assegurar a continuidade da existência do organismo humano sobre a face da Terra e habilitá-lo a realizar melhor o seu desenvolvimento". Muito simples, não?

As atividades ofensivas garantiram a sobrevivência da humanidade. Hoje, elas são as invenções e descobertas de toda ordem, a competição em todos os planos ou a busca de meios visando o mero bem-estar. As defensivas são todo recurso que o homem adota, cria ou desenvolve para se proteger de todo tipo de agressão, física ou emocional, que possa vir a sofrer.

A vida psíquica começa com a *percepção*: você percebe o mundo por meio dos cinco sentidos.

Esse estímulo gera uma *emoção* agradável, desagradável ou mista. Se você, por exemplo, aproxima a mão do fogo, a percepção do calor gera o que se chama de emoção.

Da emoção nasce o *sentimento* de atração, de repulsa ou misto. No caso de calor, por exemplo, você sente repulsa por ele no verão, atração no inverno e indiferença em meia-estação.

Aí vem a quarta etapa: a *necessidade de ter, de não ter* ou *mista*. Se você provou um alimento com novo sabor e gostou, sente necessidade de colocá-lo em seu prato, não é mesmo?

Até aqui, você e qualquer animal se equivalem. Agem por instinto. A diferença começa na etapa da *verbalização* ou *conhecimento verbalizado*, prerrogativa do ser humano.

A verbalização leva ao *pensamento*: você raciocina, avalia, compara, tem discernimento. E segue em frente.

Aí vem o *desejo* de ter ou não ter. O desejo surge como resultado da avaliação que fez. Ao ver um televisor de última geração na vitrine, você o compara com o velho aparelho que tem em casa. Aí vem o desejo de trocá-lo pelo novo televisor.

O que se segue é um *plano de ação* e, colado a ele, o trabalho da *imaginação*. Você imagina o almejado televisor em sua sala e o que fará para pagar as prestações. Estando tudo ok, fecha o negócio.

Assim se fecha o ciclo da comunicação, que se inicia com a percepção de algo e termina com uma ação imaginada e planejada.

A imaginação – coisa que os animais não têm – merece consideração à parte. Muitos a subestimam. Outros a veem como força onipotente. Há um meio-termo.

Toda conquista sua se deve ao fato de que algum dia você a imaginou. Tem o novo televisor porque imaginou comprá-lo. A imaginação precede a ação.

Você pode usá-la para a evolução pessoal sob os mais variados aspectos, sejam eles econômicos, culturais ou emocionais. Infelizmente, muitas vezes você não lhe dá o devido valor e a põe de lado. Ou usa mal, o que é pior.

A imaginação saudável nasce da boa autoestima. Se adoecer, ela o conduzirá a atitudes improdutivas – e o fará sem que você perceba a verdadeira causa. O prejuízo ocorre porque a imaginação não flutua num espaço etéreo, dissociado da realidade que é você.

Há estreita e nada desprezível relação de causa e efeito entre a imaginação indisciplinada ou a adoecida e atitudes improdutivas.

A indisciplinada, própria dos indivíduos imaturos que não assumem a responsabilidade pelos próprios atos, pode tornar você apenas um sonhador, um criador de fantasias inúteis que o levam do nada a lugar nenhum.

A adoecida o prejudica ainda mais. Também aqui não se trata de algo abstrato, sem consequência prática. Ao contrário. Se você vive reclamando que ninguém o ajuda, que todos o querem prejudicar ou que você é um incapaz, sua imaginação adoeceu. Aí você agirá exatamente de acordo com o que ela lhe diz, como se fosse verdade existencial. E você se prejudicará o tempo todo. Além disso, para o prejudicar ainda mais, ela lhe lembrará apenas fatos que comprovem o seu negativismo.

> Até que ponto você acredita na força de sua imaginação?

Em certa ocasião, um estudante procurou o médico Ysao Yamamura por um simples motivo: queria uma sessão de acupuntura que o livrasse do estresse. Estava prestes a fazer o vestibular para medicina e temia que na hora agá as respostas lhe fugissem da mente. Precisava relaxar. O médico lhe deu então as desejadas "agulhadas". Mas não ficou nisso. Fez perguntas. O rapaz pretendia estudar na Escola Paulista de Medicina. Foi aconselhado, então, a ir até lá antes do vestibular, percorrer salas e corredores e *imaginar-se* já matriculado. Na medida do possível, imaginar-se naqueles locais com o máximo de detalhes. O rapaz fez o que lhe foi sugerido e o estresse desapareceu. Havia estudado muito e prestou o vestibular com tranquilidade. Dispensável dizer que ingressou na faculdade.

Nos primeiros anos deste século, o engenheiro William Salem publicou um depoimento significativo em revista de sua especialidade, no qual afirmava: "Só a imaginação constrói". Ele acabara de inaugurar um prédio na avenida Paulista, em São Paulo. Salem me contou, na ocasião, que estivera ali aos dez anos com o pai, que viera à capital a negócios. Encantado com a beleza das antigas mansões, ele garantiu ao pai que compraria uma delas, quando crescesse. Nunca pôde comprar a mansão prometida. Mas a Torre João Salem – o prédio que estava inaugurando – seria, como relatou, "a mansão que prometi para o meu pai".

A imaginação sadia *pode* lhe trazer resultados gratificantes, como nos casos citados. Por sua vez, quando ela adoece, o prejuízo não é menor.

Mas cuidado: não convém você atribuir à imaginação um poder desmesurado. Tal poder não existe.

A história da Torre João Salem parece corroborar a máxima "Querer é poder". Entenda, porém, que se trata de uma falácia. Segundo a máxima, toda vez que alguém desejar algo ardentemente, vai obter o resultado almejado. A força da imaginação estaria aliada à força da vontade.

Muitos continuam acreditando em "Querer é poder". Alguns até colhem bons resultados na luta – o que se deve à ignorada presença de outros fatores determinantes. Quem não obtém êxito tende a caminhar para a baixa autoestima e a desenvolver sentimento de culpa pela suposta falta de perseverança.

Similar à máxima "Querer é poder", há outra, muito simpática, segundo a qual "o universo conspira a favor" de quem crê firmemente na consecução de um objetivo. Quanto mais vigorosa a intenção, tanto mais rápido o sucesso. Trata-se de uma bela metáfora, que seduz pelo caráter poético da "conspiração". Pode servir de estímulo à luta, o que é bom, mas tomada ao pé da letra não passa de uma falácia.

No campo da religião, a certeza de milagres caindo do céu em troca do cumprimento de promessas vem da mesma maneira distorcida e infantilizada de encarar a realidade. Religião se resume, nesse caso, a uma fonte permanente de prêmios e castigos e não tem significado prático no dia a dia. Acredita-se na infalibilidade do desejo apoiado pela fé. Quando o esperado milagre não acontece, a pessoa culpa a si mesma por não ter tido fé suficiente. O fracasso é entendido como castigo divino. O sentimento de culpa resultante impede a autocrítica saudável, objetiva, e a tomada de providências para que o erro não se repita.

> Quando você esperou uma solução mágica para seus problemas?

Costumo chamar a crença em resultados infalíveis pela força da imaginação de "pensamento mágico".

Imaginação saudável e pensamento mágico podem ter alguma similaridade entre si,[7] mas não se igualam. Por mais que se pareçam, não são a mesma coisa.

A imaginação saudável provém da boa autoestima. Ela conduz ao esforço em busca dos objetivos e aceita a contrariedade como fato natural. Sabe que a vida é um jogo, em que se pode perder ou ganhar. Não há garantias.

O pensamento mágico provém da imaturidade. Ele faz crer na sorte, às vezes leva à fuga ao esforço e transfere para causas externas todo resultado ruim.

O estudante que ingressou na Escola Paulista de Medicina o fez não porque a imaginação o iluminou na hora das provas, mas teve sucesso porque estudou. Ela apenas colaborou com um aluno bem preparado.

Mente humana

Pouco importa se você está dormindo ou não. Sua mente trabalha dia e noite, sem parar. Esse trabalho em tempo integral, entretanto, refere-se a uma das funções dela – função esta denominada mente *reativa*. Pois são duas as funções da mente; a outra chama-se mente *analítica*.

A mente reativa assemelha-se à de qualquer animal. É ela que orienta o ser humano e o animal no sentido de tomar as medidas necessárias à própria sobrevivência. Ela faz isso de maneira instintiva. Graças à mente reativa, estamos aqui na Terra há alguns milhões de anos.

O papel da mente reativa é absorver, gravar tudo o que você percebe por meio dos cinco sentidos: audição, visão, paladar, tato e olfato. Não faz escolha entre emoção boa ou ruim. Grava tudo e pronto!

Além disso, ela jamais descansa. Suponhamos que, durante seu sono, à noite, uma barulhenta moto passe pela rua em que você mora. Sua mente reativa vai registrar: uma moto barulhenta passou pela rua à noite. Se você tem sono pesado, pode ser que nem tenha percebido a moto ou talvez o temporal que caiu durante a madrugada, com granizos batendo na janela.

No café da manhã, você se lembrará da moto ou do temporal? Provavelmente não.

Sua mente reativa tem mais uma característica: ela *jamais esquece* o que gravou. É fundamental que você entenda isso. Se uma babá o tratou com carinho ou rudeza quando você tinha seis meses de idade, você não se lembrará do carinho nem do maltrato recebido para comentar com alguém. Mas a emoção que sentiu está gravada em sua mente reativa. Do mesmo modo, você pode não se lembrar da nota de português que tirou, na escola, quando tinha oito anos de idade. Mas a mente reativa guardou isso também. Ela grava tudo e pronto! Sua missão encerra-se aí.

> Qual a lembrança mais remota que você tem de sua infância?

Então, você já pode concluir, sem medo de errar, que o material guardado na mente reativa é absurdamente maior do que aquele de que se lembra e que pode contar aos amigos num *happy hour*.

Pode concluir, também, que se esse material continua acumulado dentro de você, ele não pertence nem só ao passado, nem só ao presente. Ele é atemporal, pertence aos dois. Não é como uma foto deixada numa gaveta qualquer e que se apagou com o passar do tempo. Como diria William Faulkner: "O passado nunca está morto. Nem sequer passou".

A emoção guardada na mente reativa pode ser reestimulada a qualquer momento – mesmo que você não saiba o que está ocorrendo. (O reestimulo é frequente causa de comportamentos absurdos ou aparentemente inexplicáveis. Falaremos mais disso oportunamente.)

Se a mente reativa tem por função perceber o mundo ao redor, cabe à mente analítica promover a comunicação com o mundo. Digamos que a primeira é a porta de entrada e a segunda, a de saída.

A mente analítica é própria do homem, os animais não a possuem. Ela exerce funções próprias, diferentes daquelas da mente reativa. Em termos de história da humanidade, a mente reativa, puramente animal, é anterior à mente analítica, que surgiu com a capacidade humana de pensar.

Sua mente analítica faz o quê, então? Ela verbaliza e avalia as emoções, ela pensa, planeja as ações, prevê o futuro, toma decisões. Ela também esquece muita coisa e precisa de descanso. Se sua mente analítica não descansar, ela pode parar a qualquer momento por pura exaustão. Vai desabar sem dar aviso prévio. Você pode acabar sofrendo acidentes graves ou esquecendo compromissos importantes por conta disso. É como se ela, chegando à fadiga máxima, se revoltasse e lhe desse um basta categórico: "Chega, não dá mais".

Quando digo que ela prevê o futuro, não me refiro a adivinhação ou profecia. Se você toma um voo do Rio de Janeiro para Roma, pode prever que em menos de dez horas desembarcará no aeroporto Fiumicino. Você não está adivinhando nada, nem profetizando. Apenas sua mente analítica planejou a viagem e previu a chegada a partir de uma relação de causa e efeito.

O esquecimento, aptidão da mente analítica que a mente reativa não tem, pode ser definitivo ou temporário. Você com certeza não se lembra do tipo de fralda usado aos seis meses de idade. É um esquecimento definitivo (e rever fotos antigas não é exatamente lembrar). Por sua vez, se está num restaurante em

Londres, vai se virar com seu inglês canhestro para interpretar o cardápio que o garçom lhe estende com certa ironia. Nesse momento, esquece temporariamente o português (o que não é exatamente esquecer).

A divisão que se faz entre mente reativa e mente analítica tem um quê de acadêmico. No fundo, tudo somado é mente humana e ponto final. Não vamos pensar como o garotinho que, ao fim da explicação, comentou, cheio de orgulho:

– Entendi, entendi. A mente humana trabalha em dois turnos.

O garotinho deve ter imaginado que a mente analítica trabalha durante o dia e a reativa, durante a noite. Não é nada disso, mas ele tinha uma pitada de razão. A seu modo, talvez ele quisesse dizer também o seguinte: a informação contida na mente reativa pode às vezes não chegar até a mente analítica. Aí ele teria razão. Falhas na sincronização das duas mentes ocorrem de fato.

Vejamos, então, como e por que a caminhada desde a primeira até a segunda às vezes fica bruscamente interrompida e não se completa.

Se a percepção é fraca, motivo básico, a informação captada pela mente reativa não chega à mente analítica como deveria. Elementar: se você não tem ouvido musical, por exemplo, não saberá distinguir entre um dó e um fá tocados no piano. Ficará sem saber que ouviu notas diferentes. Tampouco poderá fazer parte de um coro; vai desafinar o tempo todo.

Mas há motivos mais sérios que você usa para sabotar o que vem da mente reativa.

Isso se deve muitas vezes à maneira como seus pais o educaram. E "pais" aqui inclui tios, avós, professores, todos, enfim, que tiveram alguma ascendência sobre você. Eles sabiam distinguir o certo do errado – é o que você pensava. Mas talvez tenham exagerado na dose e você passou a se sentir culpado demais por erros tolos.

> A que você tem direito, mas se sente, na prática, "proibido" de fazer?

Quando há excesso de culpa, a informação que sua mente reativa captou não chega à mente analítica. Isso acontece porque você guarda dentro de si as proibições e censuras que recebeu dos pais. Você se convenceu de que *isso* é imoral, de que não merece *aquilo* ou de que não convém sentir, saber ou fazer *certas coisas*. Aí acontece o quê? A realidade que a mente reativa percebe pelos sentidos está proibida de chegar à mente analítica. Barrada no meio do caminho, não se transforma em pensamento.

Vamos imaginar uma jovem que, ainda criança, vai para o convento por achar bonito o hábito das freiras. Passa lá todos os belos anos da a juventude e, ao chegar aos vinte anos, resolve largar tudo: a motivação da infância não se sustentava mais. Acontece que as freiras (seus "pais") lhe sugeriram o tempo todo que sexo é pecado. Insistiram nisso e ela passou a ver o mundo assim. Agora adulta, toda manifestação de sensualidade está proibida para a jovem. É uma autocensura feroz – e inconsciente! Sua mente reativa registra a atração que sente pelos colegas. É um impulso natural. Entretanto, a mente reativa condena o impulso e ele não vai até a mente analítica. A jovem poderá chegar mesmo a não sentir nada na esfera da sexualidade.

Se você mantém algumas ilusões sobre si mesmo e mantém o próprio ego num elevado pedestal, sua mente analítica também vai ignorar recados vindos da mente reativa. Ilusões distorcem os fatos e a mente analítica vai tomar decisões baseada em premissas falsas. O resultado é o fracasso. Mas você protege o próprio ego: atribui a terceiros toda culpa por ter fracassado. Ou nem reconhece o fracasso. Acomoda-se.

Há ainda outra razão por que a emoção percebida pela mente reativa não completa o percurso até a mente analítica: você não amadureceu. É incapaz de suportar frustrações. No estado infantil de quem acredita serem injustas as exigências da vida real, você distorce a percepção dos fatos. Adapta tudo à sua comodidade. Não aceita a necessidade de esforço para chegar a algum objetivo. Aliás, até recusa ter objetivos para não precisar se esforçar. Também acumulará fracassos e igualmente não assumirá responsabilidade por eles.

O inconsciente

Não lhe parece contrassenso falar sobre o inconsciente? Afinal, como o próprio nome diz, não se trata de algo fora de alcance? Falar sobre o inconsciente não seria o mesmo que dar detalhes de algo que a gente não vê, como o impropriamente chamado lado escuro da Lua?

A analogia não serve e o contrassenso é aparente, não existe. O tal lado escuro da Lua não projeta nada visível a olho nu até você, ao passo que seu inconsciente se manifesta a todo momento. Você pode não dar atenção à linguagem dele, mas isso é outra história. Seu inconsciente é uma realidade que tem muitas maneiras de se expressar. E que produz resultados também. Toda vez que algo acontece, seja lá o que for, você sabe que há uma causa. O que importa é admitir que certos fatos acontecem como consequência da ação do inconsciente. Isso aos poucos você aprende a ver, basta querer. O chato é que, quando a causa de um fato desagradável é inconsciente, costuma-se jogar a culpa nas costas de terceiros – mas isso também é outra história.

Considere aqui uma questão paralela: seus cinco sentidos são falhos ao entrarem em contato com a realidade. A percepção que eles têm do mundo ao redor é limitada ao extremo. Uma ligeira comparação com o mundo animal não deixa dúvidas quanto a isso. A

> Você tem por hábito pôr em dúvida o que seus sentidos mostram?

visão de uma ave de rapina, a audição de um morcego ou o olfato de um cão são absurdamente superiores aos seus.

O pior é que sua percepção da realidade não só é incompleta como pode ser distorcida. Às vezes, é bom você desconfiar do que dizem algumas pessoas ao jurarem que viram isso ou aquilo. Se elas garantem que o fato narrado é verdade porque viram com os próprios olhos, podem não estar mentindo. Se a realidade não confere com a narrativa, provavelmente o cérebro delas foi iludido de alguma forma. Disso vive o mágico. Ele explora com sucesso as limitações dos sentidos e confunde você com a rapidez com que ele embaralha cartas. Pintores também iludem seus olhos, às vezes. A técnica de *trompe l'oeil* faz você crer que formas bidimensionais são tridimensionais ou você vê figuras que estão apenas sugeridas. Salvador Dalí faz parte da turma que usou com muita perícia e talento o *trompe l'oeil*. Em Dubai e Atenas, existe até um Museu das Ilusões, com interessante coletânea desses dribles na percepção, que podem ser vistos e usufruídos pelos visitantes.

Quando duas ou mais pessoas narram um acontecimento que tenham presenciado, cada uma faz uma narrativa diferente. Às vezes, há interesses individuais envolvidos e isso apenas reforça os limites da percepção. Ninguém tem a versão completa do que aconteceu. Um belo exemplo disso você encontra em *Rashomon*, de Akira Kurosawa. No filme, quatro testemunhas contam versões particulares do assassinato de um samurai, seguido de estupro da esposa dele. Cada uma das testemunhas (um sacerdote, um lenhador, o assassino e a própria esposa do samurai) busca preservar a própria imagem narrando os fatos sob um ponto de vista muito peculiar. A confusão aumenta quando o próprio samurai assassinado depõe através de um médium e dá sua versão do que teria ocorrido. E tudo se complica, por fim, quando os relatos das testemunhas são recontados em *flashback* por um sacerdote e um lenhador a um grosseiro plebeu. Você, espectador, fica sem concluir o que de fato aconteceu.

Voltemos ao inconsciente. Como os poucos exemplos mostram, o contato seu com a realidade, além de incompleto e fragmentado, é distorcido. Você nunca toma conhecimento da realidade na sua inteireza. Algo escapa, algo foge à sua percepção – mas aqui se trata da percepção consciente. O inconsciente captou bem mais informações do que você imagina. Ali, elas continuam existindo e agindo sem que você tome conhecimento de sua presença.

> O que dirige mais a sua vida e suas decisões: a razão ou a emoção?

De repente, os dados fugidios emergem à consciência por meio dos sonhos – a estrada real para o inconsciente, segundo Freud. Sim, eles emergem espontaneamente, mas costumam vir em forma de símbolos. Os símbolos confundem, não trazem mensagem clara, precisam ser traduzidos. Saiba, entretanto, que as histórias sem pé nem cabeça mostradas nos sonhos dizem algo para você e *sobre* você. Então, pense o seguinte: se você sonhou que um primo seu sofreu um acidente de carro, não vá dar conselhos a ele para que dirija com cuidado. Ele não tem nada a ver com seu sonho. Ele pode ter diversas interpretações, mas todas lhe dizem respeito, certo? Os sonhos, portanto, produzem símbolos que representam a *sua* realidade. Mas qual? Ora, a que está no seu inconsciente e é resultado de sua experiência de vida. Seus sonhos não são absolutamente etéreos. Por menos que assim pareça, eles têm origem em fatos que você viveu em algum momento. No plano individual, foi o estudo dos sonhos que, segundo C. G. Jung,[8] permitiu no início investigar o aspecto inconsciente de ocorrências psíquicas conscientes.

Ah, os sonhos! A falta de lógica que eles têm provavelmente já perturbou você alguma vez. Sim, porque há sonhos que parecem tão reais e tão malucos ao mesmo tempo que angustiam o sonhador ao acordar. C. G. Jung conta ter sido consultado várias vezes por pessoas inteligentes e cultas que estavam profundamente chocadas por terem tido certos sonhos. No entender delas, habituadas à crença de que tudo pode ser explicado pelo senso comum, tais sonhos nunca se manifestariam em pessoas de espírito sadio.

Saiba você também que o conteúdo do inconsciente, como um todo, não se trata apenas de impulsos reprimidos, como imaginava Freud. Tampouco se compõe de memórias estáticas ou algo inerte. Seria mais adequado comparar o inconsciente a um vulcão, do qual irrompem lavas incandescentes. Mas o conteúdo que irrompe do inconsciente não causa só destruição, como as lavas. Pode igualmente trazer benefícios ou apresentar soluções para problemas que o afligem durante o dia.

Tampouco pense no inconsciente como algo abstrato ou metafísico. Ele é fruto das experiências sensoriais, está ligado ao corpo. O historiador Yuval Noah Harari[9] faz, a propósito, uma interessante observação. Segundo ele, quase cem por cento das atividades do corpo ocorrem sem a necessidade de sentimentos conscientes. De fato, se você não é médico ou biólogo, não tem a menor ideia de como seu baço ou seu pâncreas estão funcionando, mas eles continuam exercendo suas funções muito bem, em silêncio e sem reclamar.

Também não imagine o inconsciente como uma entidade espiritual, seja lá o que se queira dizer com isso. O inconsciente é tão real quanto um artesão perdido em algum rincão da China. Você nunca o viu nem verá, mas ele trabalha como um cão e o produto dele chega até você.

Algumas vertentes da psicologia moderna têm por hábito se referir ao inconsciente levando em conta só fatos de fundo emocional. Os grandes desbravadores do inconsciente se debruçaram mais sobre essa abordagem e não se pode negar que obtiveram resultados excepcionais. Mas você deve ir além dessa abordagem, não precisa se restringir a ela. Lembre-se de que os sonhos, por exemplo, também falam do corpo e às vezes apenas dele. O inconsciente abrange o todo de um indivíduo e não fica restrito apenas a uma parte, digamos, metafísica. Os mestres da Medicina Tradicional Chinesa sabiam disso muitos séculos atrás. Segundo eles, se alguém sonhasse com multidão, isso indicaria a possibilidade de a pessoa estar com vermes. Talvez não estivesse, mas a interpretação sugerida pelo sonho não era desprezada *a priori*, porque muitas vezes correspondia aos fatos. Quer interpretação mais pragmática e objetiva, sem elucubrações junguianas nem recurso a espiritualidades? Mente e corpo formam uma coisa só, perfeitamente integrados – e não isolados, como pretendia Descartes.

O inconsciente, enfim, para usarmos outra analogia bastante popular, é como um iceberg. O que vemos e sabemos dele é muitíssimo menor do que a parte imersa num grande oceano.

Ansiedade

Costuma-se atribuir o termo ansiedade ao estado mental do homem moderno sobrecarregado de tarefas, estressado e incapaz de reduzir o ritmo de ação. A propósito, esse estilo de vida traz sérios danos ao seu bem-estar geral. "As pressões a que as pessoas estão submetidas pelos compromissos da vida moderna levam muitas vezes ao descuido com a própria saúde. O estilo de vida sedentário, a frequência de cardápios *fast food* e a proximidade de aparelhos eletromagnéticos são exemplos de fatores que contribuem para o surgimento de doenças ou redução da resistência orgânica", afirma a médica Sumie Iwasa.[10]

Diz-se também que está ansiosa a pessoa que vive a expectativa de um evento muito importante. Ele pode ser a aprovação em vestibular, a entrada em cena por um ator, um resultado de exame médico, a viagem dos sonhos ou a cerimônia de casamento.

Com certeza, você já viveu situações parecidas com essas em algum momento da vida. Na ocasião, caso se lembre, ficou um pouco ofegante, suas ideias pareciam se atropelar na cabeça, teve uma sede incomum e talvez nem tenha dormido direito. Mas *sabia* por que motivo o estado de espírito havia mudado.

Você tinha consciência do fato que abalou sua rotineira tranquilidade. Podia até mesmo prever quais seriam os passos seguintes e tomar as decisões mais acertadas.

Estão corretos esses conceitos sobre o que seja ansiedade. Você estava de fato apreensivo, preocupado, com estresse, nervoso ou algo semelhante.

Mas reservo a palavra ansiedade para outras situações de conflito interior, inconscientes e, não poucas vezes, com uma aparência de absoluta calmaria.

Vejo ansiedade por um ângulo diferente. Dia após dia e ano após ano, você pode viver em estado de ansiedade sem nunca ter se dado conta disso. A ansiedade atua na maioria das vezes como se fosse uma doença silenciosa, daquelas que fazem pouco ou nenhum alarde. Isso não significa que ela está inativa ou que seja inofensiva. Hipertensão também não faz alarde, assim como o diabetes, e nem por isso deixam de ser perigosos. Você pode não ter consciência de que vive em estado ansioso, mas certamente paga por isso – e às vezes paga caro e sem saber por que pagou.

A ansiedade costuma jogar pedras em seu caminho. Você não vê as pedras, tropeça nelas e logo em seguida tropeça de novo. O ansioso não aprende a se desviar das pedras. Em outras palavras: comete o mesmo erro de modo compulsivo.

Por desconhecer as causas da ansiedade, que são suas pedras particulares, você não consegue tomar as rédeas da situação. Por mais simples que esta seja, você vai transformá-la em problema. Aliás, cria problemas mesmo quando tudo vai bem. O ansioso não precisa de inimigos que lhe causem danos, ele mesmo cuida de se prejudicar. Então, saiba que muitas dificuldades que você tem no relacionamento com os outros, na vida profissional ou nas escolhas afetivas não são mais que resultado de ansiedade latente.

Fracasso machuca, insucesso dói. Para fugir do desconforto interior de assumir que pode ter fracassado como resultado de algum processo ansioso, você faz o quê? Constrói uma imagem retocada de si mesmo. A gente chama isso de imagem idealizada ou eu idealizado. De acordo com essa imagem, você não tem defeitos ou, quando aceita que tem, acha que são muito pequenos. Do seu ponto de vista, são tão pequenos que nem merecem atenção. Em contrapartida, vive culpando os outros ou as circunstâncias por tudo o que lhe acontece de mal. Não assume a própria responsabilidade e sempre tem na ponta da língua uma justificativa para o que não fez certo.

> Que erros você costuma cometer de maneira compulsiva, repetitiva?

Você não está mentindo para os outros ao arrumar uma justificativa para o erro que cometeu. Você *acredita* nela piamente. Você está é mentindo para si mesmo – e não sabe, nem quer saber. No mínimo, atribui ao azar o fato de ter falhado em algo.

Orgulha-se de ser como é e não muda. Resiste bravamente em mudar – afinal, errado está o mundo, nunca você. Encastelado nesse modo de pensar, sentir e agir, você se defende da ansiedade que leva dentro de si e que não conhece.

De onde, afinal, vem a ansiedade que tanto o atrapalha na vida? Para entendê-la, vamos à origem do problema.

A ansiedade começa no seu primeiro contato com o mundo. Sim, mal você nasce, a ansiedade começa a nascer também. Circunstâncias da vida familiar e, depois, do convívio em sociedade podem reduzi-la. Um novo ambiente, amigos ou alguma professora podem aumentar sua autoestima com palavras de incentivo. A ansiedade, então, diminui. Infelizmente, circunstâncias da vida também podem acentuá-la.

Você não se recorda, é óbvio, mas sabe muito bem que todo recém-nascido é um ser absolutamente frágil. Pense que um dia você deixou o hotel cinco estrelas do ventre materno e precisou enfrentar contrariedades que antes não tinha. Passou a sentir frio, teve fome, vieram dores e nada pôde fazer sozinho – a não ser botar a boca no trombone. Ou seja, para sobreviver, precisou enfrentar o mundo que, no seu entender de bebê, lhe era hostil. Pouco importa, nesse caso, o quanto de carinho e atenção seus pais lhe deram. Do seu ponto de vista, você era apenas a parte mais fraca. Sem ter chance de sobreviver sozinho, você se viu ameaçado e ficou inseguro. Nem é preciso dizer que não expressou a insegurança em palavras. Mas a *sentiu* muito bem.

À medida que você crescia, mas ainda criança, sua insegurança ganhou novos contornos. Talvez até tenha aumentado. Nessa fase, seu mundinho era formado sobretudo pelos pais. Na sua opinião, eles eram uns chatos que não o deixavam fazer tudo o que gostaria de fazer. Proibiam isso ou aquilo sem motivo, castigavam ou não iam além das ameaças. Mas castigo ou ameaça eram a mesma coisa. Davam medo e pronto. Você tinha que obedecer. Quando se rebelava, usufruía da rebelião, mas lhe sobrevinha uma incômoda sensação de culpa.

Essa gente que não lhe permitia fazer *tudo* o que desejava era vista como o mundo hostil. Você nunca usou essas palavras, mas sentia a hostilidade. Talvez tudo não passasse de um ponto de vista seu, apenas. Talvez a rejeição que sentia não fosse além de um equívoco de sua parte. Mas isso pouco importa. Se você se sentiu rejeitado, você *foi* rejeitado. Rejeição é um fato subjetivo, a realidade importa menos. Aquela que sentiu ficou gravada dentro de você para o resto da vida.

> O que frequentemente provoca estados de ansiedade em você?

Mas não precisa dramatizar. A boa notícia é que, se seu ambiente familiar era de respeito, carinho e diálogo, isso é o que vai prevalecer no seu desenvolvimento pessoal.

Vamos supor, porém, que seus pais tiveram uma mão um pouco pesada na sua educação. Eles o amavam, e muito, mas tinham limitações. Todo mundo tem lá suas limitações. A deles podia ser o moralismo, com apego a mil normas e sem direito à alegria. Ou podia ser a dificuldade de serem bons provedores – e você chegou a passar fome na infância. Ou talvez não soubessem manifestar carinho e você sentiu falta de abraços. Ou podia ser a entrega ao alcoolismo, que desagregou a família. Até a superproteção por um deles pode ter causado danos em você.

Seus pais representavam o mundo. Com o passar do tempo, o mundo se tornou um retrato ampliado deles. Assim, você chega à vida adulta generalizando *sua* percepção de que o mundo é hostil. Logicamente, vai se defender o tempo todo.

Na sua imaginação, hoje funciona assim: o mundo ataca primeiro e você se defende. Isso é como você sente, mas não sabe que sente assim. E como você se "defende"? Atacando. Você invalida pessoas, age como se fosse um ser superior, corrige todo mundo ou se revolta contra toda forma de autoridade. Pode ser que faça o contrário também. Sua defesa é tentar agradar a todos e a qualquer custo. Ou talvez não faça nem uma coisa, nem outra: simplesmente se isola das pessoas e dos sentimentos.

Não importa qual desses caminhos escolheu. Você agirá o tempo todo de acordo com a escolha feita. Será um comportamento compulsivo – e inconsciente. Compulsividade e inconsciência caracterizam o estado de ansiedade.

Voltemos a falar de você criança. Para sobreviver no ambiente que o contrariava e punia, fez o quê? Reprimiu os próprios impulsos e ficou bonzinho? Ou se revoltou, ficou sempre do contra e tornou-se um rebelde sem causa? Ou buscou uma terceira saída: afastou-se para um mundinho todo seu, isolado das pessoas? Seja qual for a "decisão" tomada, você temia o castigo se desobedecesse. Aprendeu a ter culpa – e as religiões, particularmente, reforçam isso. As tendências neuróticas – que se caracterizam, em resumo, por ações improdutivas ao longo da vida – começam nesse embate da sua criança com o mundo que você entendeu ser hostil.

Não há educação possível sem contrariar vontades da criança. Você só se preparou para o convívio saudável em sociedade porque lhe impuseram frustrações. Você talvez já tenha ouvido dizer que os pais devem ser amigos dos filhos. Isso é válido quando eles não se esquecem de que são pais, quando não abrem mão da autoridade. Seus pais nem sempre contemporizaram com você, nem o deixaram fazer tudo o que queria.

Aí você entendeu que frustração não traumatiza. Forma o caráter, esculpe o cidadão, ensina respeito pelos outros. Frustração mostra à criança que o mundo não está a seu serviço.

Na vida adulta, você com certeza bateu de frente com pessoas ou instituições que se opunham aos seus desejos. Um prosaico sinal de trânsito, para ficarmos num exemplo banal, teve que ser respeitado, mesmo que estivesse com pressa. Se, porém, uma criança não aprendeu a suportar frustrações, poderá um dia, em casos-limite, chegar à criminalidade. Vai simplesmente tirar do caminho quem se opuser aos seus propósitos.

Pense também numa criança que vive em ambiente de corriqueiras manifestações de ódio e violência. Ela não desenvolverá boa autoestima. Nem mesmo terá consciência do medo enorme que sente. Imagine o quanto ela sofre por crescer num lar onde a submetem a tratamento injusto, humilhante e violento.

Enfim, ansiedade é o estado emocional em que você vive se defendendo o tempo todo do mundo percebido como sendo hostil. Para se defender, você agride. Todo ansioso agride – e, repetindo, o faz de modo compulsivo e inconsciente. Em outras palavras: agride sempre e nem consegue reconhecer que agrediu. Afinal, você tem um eu idealizado a preservar.

Eu idealizado

Você provavelmente faz a respeito de si mesmo uma imagem bastante elogiosa, com muitas boas qualidades e poucos defeitos. Tudo bem! Se ela corresponde à realidade, ótimo. Você tem boa autoestima.

Mas se você enfeitou a imagem com virtudes exageradas ou inexistentes, sua autoestima anda baixa. Agora, a autoimagem só corresponde em parte à realidade. A parcela de ilusão mantida sobre si mesmo chama-se eu idealizado. É o seu pedaço neurótico, que cria alguns castelos no ar e nos quais você busca abrigo.

Seu eu idealizado corresponde àquilo que você sinceramente acredita ser – mas de fato não é! É idealizado porque não passa de uma ideia sua a próprio respeito. Você vive uma falsa imagem de si, cheia de virtudes, boas qualidades e talentos. Em parte, pode ser verdade, mas só em parte. Você peca por exagerar.

Então você mente? Não, você nem sabe que está enganando a si mesmo. Isso é inconsciente, não se pode afirmar que seja proposital. Você *precisa* acreditar na própria grandeza para seguir pela vida com certa paz interior. Só que isso não vai sair de graça.

Por que, então, você escolhe viver um eu idealizado em vez do eu real? Afinal, este é mais produtivo, tem melhores relações com as pessoas, evita criar problemas inúteis e traz muita autorrealização. Você escolhe o eu idealizado por recusar o eu real. Assim, torna-se neurótico – ou seja, alguém que não aceita a própria normalidade.

Sigmund Freud concluiria que "o neurótico afasta-se da realidade por achá-la insuportável".[11] Não pense, porém, que o neurótico faz isso com o todo da realidade. Não, ele se afasta apenas de partes dela, daquelas que o afligem, e procura tocar a vida sob o princípio do prazer, e não sob o princípio da realidade.

O eu idealizado é uma defesa contra a incômoda sensação de insignificância instalada no seu inconsciente. É um mecanismo de compensação, que busca sobrepor artificialmente uma sensação de conforto ao mal-estar da pessoa de se ver tal como ela de fato é, com defeitos e limitações.

Para entender a sensação de insignificância, volte aos tempos de criança. É lá que surge a *angústia básica*, que é a "sensação de desamparo e isolamento perante um mundo potencialmente hostil".[12] Aí começa tudo. No fundo, cada um de nós, agora adultos, é fruto da própria história e suas circunstâncias. Inconscientemente, você carrega pela vida afora essa angústia básica da criança e busca meios artificiais de superá-la. Forjar um eu idealizado é um desses recursos.

A partir do momento em que nasceu, você se viu diante de um mundo que sentiu ser hostil e expressou sua insegurança por meio do único recurso que tinha: o choro a plenos pulmões. Deixou o hotel cinco estrelas do ventre materno e precisou mamar, respirar, agir para sobreviver. Depois, crescendo, seus pais lhe diziam muito "não". Seu mundo, os pais, continuou hostil. Eles o impediam de fazer muitas de suas vontades e o obrigavam a fazer coisas que não queria. Se obedecesse, o premiavam; se não obedecesse, sofria castigos ou recebia ameaças. Inconscientemente, você foi se adaptando às circunstâncias e tratou de arrumar uma solução de sobrevivência no ambiente em que era a parte mais fraca.

Alguns coleguinhas seus de infância batiam o pé, teimavam a não mais poder. Outros se submetiam e aceitavam passivamente o que lhes ditavam. Outros, ainda, não faziam nem uma coisa nem outra; isolavam-se para não bater de frente com ninguém e viviam num mundo à parte. Inconscientemente, você terá escolhido um desses caminhos: rebeldia, submissão ou isolamento.

A escolha dependeu de vários fatores. Um deles era seu grau de vitalidade. Se criança frágil, terá sido mais propenso a obedecer; se vigorosa, a se rebelar. Outro fator: o temperamento, colérico ou não colérico. Outro, ainda: a intensidade da opressão vinda de cima. Dependeu, enfim, de muitas circunstâncias, favoráveis ou desfavoráveis. Da escolha feita vão resultar os traços neuróticos que paulatinamente o dominarão de forma compulsiva e indiscriminada.

> Quando você teve a sensação da própria insignificância?

Entenda, porém, que a rigor não houve escolha. Você apenas foi adaptando suas reações em busca daquela que lhe desse maior segurança. Daí, passou a repeti-la indefinidamente.

Para superar a angústia básica, você criou uma imagem fictícia de si – o tal eu idealizado – e passou a acreditar nela. O processo, não custa repetir, foi inconsciente: você não sabe que a imagem é fantasiosa, irreal.

Seu eu idealizado tem dois aspectos: costuma ser elogioso a si mesmo e é inflexível. Elogioso, só se atribui grandezas, falsas ou verdadeiras. Inflexível, não aceita ponto de vista diferente do seu. A inflexibilidade, aliás, é característica do inconsciente: como você não o acessa de modo direto, também não tem como negociar com ele.

Tudo isso somado vira bola de neve: a imagem idealizada necessita cada vez mais se afirmar.

Seu eu idealizado nega a existência de conflitos interiores para você não cair do pedestal em que se colocou. Como você, pessoa tão virtuosa, poderia admitir que também odeia, tem inveja, faz chantagem ou sente preguiça?

Suponhamos que você, ainda criança, seguiu o caminho da submissão. Resultado: hoje precisa agradar a todo mundo. Faz isso de modo compulsivo e sem discernimento. Pouco importa se isso o prejudica. Às vezes trabalha duro pelos outros e ao mesmo tempo não provê a própria família. Ou suponhamos, ao contrário, que foi criança rebelde. Hoje faz o quê? Só busca os próprios interesses e, curiosamente, o mais importante é impor derrotas.

Seu comportamento neurótico sempre é compulsivo (não consegue agir de outra maneira) e indiscriminado (não distingue o que lhe convém do que não lhe convém).

Imagem idealizada não condiz com amor-próprio autêntico. Na idealização, você precisa ver-se superior – porque admitir limitações o humilha – e cria para si uma sensação falsa de onipotência.

Quando se fala em normas e leis, está se falando de algo exterior, objetivo, escrito em algum regulamento. Fala-se, portanto, de leis conscientes.

A neurose começa com as leis inconscientes forjadas pelo eu idealizado. Se você for do tipo submisso, por exemplo, não terá consciência de que uma lei interior, inflexível, o manda agradar a todo mundo. Não sabe da existência da lei, mas obedece a ela e se envaidece por ser um bom menino. Mas isso o faz sofrer, pois o torna um eterno perdedor. Ninguém gosta de perder. Aí, para amenizar o sofrimento, você faz a mágica do eu idealizado: esquece que é submisso e exalta o amor que tem pelos outros. Orgulha-se disso e até se considera com uma superior capacidade de amar. Só não admite que seu amor abriga uma significativa parcela de egoísmo e autodefesa. O objetivo maior não é fazer o bem, mas desarmar a hostilidade do mundo que o ameaça.

> Quais circunstâncias, na vida, foram favoráveis a você?

O eu idealizado age sempre assim: transforma deficiência em qualidade, pecado em virtude, fracasso em vitória. Orgulha-se de tudo isso. O orgulho neurótico é o grande empecilho à mudança de pontos de vista e de comportamento.

O lado ruim do eu idealizado é a improdutividade. Você não percebe, mas com frequência toma atitudes que vão contra os próprios interesses. Aí fracassa, especialmente nas relações pessoais. O orgulho neurótico continua inabalável. Para não desfazer a boa imagem que mantém a respeito de si, você diz aos quatro ventos que o insucesso não foi seu. Arruma argumentos, até estapafúrdios, para provar isso. Joga a culpa sobre alguém ou sobre as circunstâncias, fica feliz e segue em frente.

O eu idealizado tem pés de barro. Fica, o tempo todo, alimentando virtudes imaginárias e desconhece os próprios desejos autênticos. Desperdiça energia na tentativa de justificar qualidades que de fato não possui. Ganharia muito mais se utilizasse aquela energia para caminhar no sentido da autorrealização, mas não o faz.

Conflitos

Ter conflitos não desmerece ninguém. A presença de um ou mais conflitos no dia a dia não implica que você tenha algum problema emocional. Basta seus interesses ou suas convicções entrarem em rota de colisão com os de outra pessoa e você tem aí um conflito a resolver. Em tais casos, ele é consciente, você tem conhecimento das causas. Assim fica mais fácil encontrar a solução. Quanto maior a flexibilidade das partes envolvidas, tanto mais rapidamente chegarão a bom termo. Se não houver flexibilidade, pouco ou nada há a fazer e o conflito entre ambos continua.

Você pode também ter um conflito consciente consigo mesmo. Quer fazer algo e a consciência moral põe obstáculos, cria dúvidas ou simplesmente se opõe. Nesse caso, o que o conflito faz é gerar angústia. Contra ela, só há um remédio: tomar uma decisão. Feito isso, conflito e angústia desaparecem. Quer um exemplo? Você está noivo e precisa marcar a data do casamento. Mas ainda paira no ar aquela dúvida atroz: casa ou não casa? Aí você repassa mentalmente as alegrias e as frustrações que imagina haver no casamento. Compara tudo isso com a vida alegre e descontraída de solteiro sem compromissos.

Fica angustiado, não há como não ficar. Aí decide se casar – e a angústia desaparece como num passe de mágica. Ou decide não se casar – e a angústia também desaparece. Seja nesta ou naquela decisão, resolveu-se o conflito. No entretempo, você recebe uma oferta de emprego. Lá vem novo conflito consciente. Começa então a comparar benefícios da zona de conforto em que vive *versus* desafios a enfrentar. Novamente precisará tomar uma decisão para solucionar o conflito.

Tudo isso são conflitos normais, surgem das circunstâncias corriqueiras da vida e você tem consciência deles. A parte que lhe cabe é pura e simplesmente tomar uma decisão – e ela não pode ser daquelas para inglês ver. A qualidade da decisão tomada vai depender de seu grau de maturidade.

Problema de fato surge com o conflito neurótico – ou conflito interior, na denominação da psicanalista alemã Karen Horney.[13] Sua principal e irredutível característica é ser inconsciente. Nem de longe você suspeita de que o conflito exista. Sua vida parece transcorrer sob um céu de brigadeiro. Assim nunca vai acontecer uma ida sua ao terapeuta para desabafar e quase pedir socorro: "Tenho um conflito neurótico assim e assado, que está me prejudicando. Vamos resolver isso de vez?"

Outra característica fundamental do conflito neurótico – consequência da primeira – é o caráter compulsivo. Você tem aí um chefe invisível, que você não conhece, mas ao qual obedece sem retrucar nem saber por quê. Não há a menor possibilidade de você fazer uma autêntica escolha sobre a ação que vai praticar. O pior é que esse chefe invisível costuma também castigar impiedosamente – e você nunca sabe por qual erro está sendo punido.

Se um conflito neurótico não está diante dos olhos da consciência, os rastros que deixa são bem perceptíveis. É longa a lista de sintomas. Você pode apresentar ansiedade generalizada, depressão, indecisão crônica, inércia, inquietude mental ou o velho hábito de procrastinar. Na lista, pode também incluir manifestações psicossomáticas. Desarranjos intestinais, gastrite, dor de cabeça e insônia puxam a fila.

Mas lembre-se sempre de que perceber a presença de um sintoma nem de longe significa conhecer a causa ou mesmo imaginar que ela se situa no plano mental. O mais provável é que você veja o sintoma como o problema principal e saia atrás de medicação por conta própria. O máximo que vai conseguir é migrar de um sintoma para outro.

Conflito neurótico ou interior acontece quando há disparidade entre o que você pensa a respeito de si mesmo e o que de fato faz. O problema é que você não nota essa disparidade – porque, não custa repetir, ela é inconsciente. Você, por exemplo, pode se ver como uma pessoa sincera, que aponta as falhas alheias para que as pessoas possam se corrigir. Acha-se um altruísta, um orientador interessado em sugerir caminhos. Mas a realidade, que você não admite, é o oposto: seu comportamento é hostil, arrogante e intolerante. Você tem um secreto prazer em apontar falhas nos outros porque isso prova sua superioridade. Com frequência, inclui aí o intuito de humilhar. Ou você tem por hábito controlar a vida alheia, o que o desobriga de olhar para dentro de si mesmo.

Ações contraproducentes, opostas à intenção declarada, também revelam a existência de conflitos neuróticos. Todo ano você vê isso nos portões fechados dos locais onde se fazem os exames vestibulares. Sempre há o aluno que chega atrasado "só dois minutos" e que põe todo o ano de estudos a perder. A intenção consciente dele: entrar na faculdade. A ação inconsciente: evitar o sucesso, porque ele não se sente merecedor dele. Autossabotagens por baixa autoestima e sensação de desmerecimento são sintomas frequentes da presença de conflito interior.

> Que tipo de conflito você está enfrentando neste momento?

Muitas vezes ocorre de conviverem dentro de você dois impulsos neuróticos contraditórios. Sorrateiramente, um age na contramão do outro. Você não precisa escolher este ou aquele. Seu trabalho será assimilar ambos. Acontece que, sendo inconscientes, você só conseguirá assimilar os dois dentro de um processo analítico. Sozinho, não vai conseguir. Por exemplo, seu impulso neurótico de dominação pode conviver com o de condescendência. Mas você não sabe disso. Num processo analítico, verá que não precisa eliminar um em favor do outro.

Problema maior ocorre quando dois impulsos neuróticos entram em rota de colisão entre si. Há muita semelhança com o caso anterior. Você não vê a batalha surda que eles travam, nem percebe a força deles dentro de você. Logo, não pode escolher entre um e outro. Impedido de escolher e emocionalmente inerte, fica sem ação. Suponha que você é um empresário para o qual trabalham trinta pessoas. Seu impulso inconsciente é de explorar ao máximo os colaboradores – embora o eu idealizado faça você se ver apenas como benfeitor. Ao mesmo tempo, por outro impulso neurótico, inconscientemente quer ser amado por eles – mas agora o eu idealizado lhe diz que você não precisa de ninguém. As duas tendências – explorar e ser amado – entram em confronto uma com a outra. Resultado: sobra para você ficar inibido sem saber por quê. Sente-se confuso ao dar ordens, justifica tudo sem precisar e sua autoridade perde força. De certo modo, repete a situação da fábula do asno de Buridan. O asno, sem conseguir se decidir entre dois fardos de feno postos a igual distância, acaba morrendo de fome.

As tendências neuróticas de comportamento, além de compulsivas, não correspondem a um desejo autêntico. É muito provável que você nem saiba o que de fato quer na vida, embora se orgulhe da própria autossuficiência ou da capacidade de discernir o que lhe convém. Na prática, você desperdiça energia e tempo para provar o que não é e vive fazendo o que de fato não desejaria fazer – tudo isso para colher resultados medianos, quando não desastrosos.

> Quando você fez uma autossabotagem e como se prejudicou?

O que se pode observar com relativa facilidade é que pessoas que vivem algum conflito neurótico costumam ter comportamentos contraditórios. Há, por exemplo, aquelas carentes de afeto e desejosas de iniciar um namoro que, no entanto, resistem a toda aproximação – e não percebem o quanto elas próprias afastam os pretendentes. Outras, ao contrário, cedem a qualquer investida sem a menor capacidade de discernir antecipadamente se o relacionamento lhes convém ou não. Caem de amores por quem não merece. Há também aquelas que colaboram com todo mundo, são despojadas, mas nunca sabem cobrar direitos que têm. Aliás, elas nem mesmo conhecem os próprios direitos. Outras, ainda, se permitem alguns momentos de lazer apenas porque *devem* descansar. Carecem de espontaneidade e só agem movidas por obediência a alguma desconhecida norma interior.

Num trabalho analítico, você pode defrontar-se com vários tipos de conflito interior. Nesse momento, provavelmente ensaiará algum movimento de fuga: é muito mais fácil justificar as próprias falhas do que mudar uma atitude.

A resistência a mudança será talvez ainda maior se vier à superfície o fato de haver dentro de você um conflito inconsciente entre ideais e interesses materiais.[14] Enquanto a ambição por riqueza ou prestígio fica reprimida, porque não agrada ao seu eu idealizado ver-se pessoa ambiciosa, a luta por ideais domina a cena. Seu principal objetivo parece ser o bem da coletividade e você discursa nessa linha com grande capacidade de convencimento dos outros. Ou, contrariamente, você reprime os ideais, assumindo uma postura cínica, enquanto aflora a ambição. Ao tomar consciência da existência do conflito, você fica num impasse e tem que tomar uma decisão. A escolha não será entre um e outro impulso – ambos são válidos. A escolha será em que medida dará vazão e espontaneidade a cada um deles, de modo a tornar sua vida muito mais produtiva.

Neurose

Ninguém está imune às armadilhas do inconsciente. Isso explica por que há na sociedade tantas atitudes e comportamentos aparentemente inexplicáveis – ou, como você diria, muito esquisitos. Em vista disso, olhando ao redor, talvez lhe ocorra a dúvida: todo mundo é neurótico? Afinal, nem precisa falar dos outros. Você mesmo já se viu muitas vezes num beco sem saída ou tomou atitudes estapafúrdias ao tentar resolver um problema. Nem sabia que enfrentava conflitos emocionais. Provavelmente se sentiu na condição do provérbio "Se correr, o bicho pega; se ficar, o bicho come".

Somos todos seres imperfeitos, frutos de gerações de gente imperfeita e, não raro, bastante problemática, destruída por drogas, alcoolismo ou vício do jogo. Só não utilize a constatação dessas influências do passado como desculpa para encostar o corpo e abandonar a luta pelo amadurecimento emocional.

A princípio, o importante é desmistificar um pouco o termo neurose.[15] No dia a dia, costuma-se desqualificar o termo neurose e seu usuário, e não são poucas as pessoas que acham que só louco procura psicólogo. Neurose virou termo vulgar, usado em tom preconceituoso e agressivo, numa conversa qualquer, para invalidar toda pessoa que toma alguma atitude fora do que a sociedade considera ser de bom senso. A manifestação de raiva por parte de alguém basta para que ela seja carimbada como neurótica.

Neurose é basicamente uma dificuldade nas relações pessoais, resultante da não aceitação da própria normalidade. O porquê da não aceitação difere de pessoa para pessoa e está sobretudo relacionado à história individual. Todos nós vivenciamos conflitos com o ambiente em que vivemos na hora de encararmos de frente o nosso eu real. Nesse sentido, você pode até dizer que, em geral, somos todos neuróticos.

Se neurose implica ter conflitos, a recíproca não é verdadeira. Nem todo conflito é neurótico, como vimos anteriormente. Ele faz parte da vida diária. Você pode ter um conflito quando, na empresa em que trabalha, surge um forte concorrente ao posto que você pretende conquistar. É um conflito de interesses. Vença quem vencer, uma vez resolvida a pendenga, o conflito desaparece.

> Você toma decisões com rapidez ou tem costume de procrastinar?

Você pode também entrar em conflito consigo mesmo. Já comentamos isso também, em outras palavras. Mas vale a pena repetir. O conflito persistirá enquanto você não se decidir se vai à praia ou fica estudando, se compra um automóvel zero-quilômetro ou guarda dinheiro para viajar, se pede a noiva em casamento ou continua livre e solto. Tomada a decisão, o conflito desaparece. Se continuou, não há como negar que a decisão foi só para inglês ver. Essa não vale.

Conflito é resultado da guerra surda entre impulso e consciência moral. Enquanto não se decidir entre obedecer ao impulso ou à consciência moral, você sentirá angústia. A palavra vem do latim *angor*, que significa aperto, opressão. Você sentirá o peito apertado, como se lhe faltasse o ar. Em farmácia, não vai encontrar remédio contra angústia. Ela só desaparece quando você toma uma decisão – e toda decisão implica uma compensação e uma frustração. Se é fumante inveterado, por exemplo, seu impulso quer o prazer que vem do cigarro. Mas sua consciência moral o alerta para o perigo de agravar a cardiopatia. O impulso diz "sim", a consciência moral diz "não". Você fica angustiado por ter de decidir e, como sabe, não dá para agradar a dois senhores. Se optar pelo cigarro, terá a compensação do prazer, mas a frustração do dano à saúde. Se optar pela abstinência, o resultado se inverte.

En passant, vale lembrar que a tomada de decisão define se você é adulto ou se não saiu da adolescência. Sim, porque há adolescentes também na casa dos cinquenta anos ou mais, gente que se esquivou o tempo todo de assumir as próprias responsabilidades. Se você for adulto emocionalmente, tomará a decisão adequada, mesmo que lhe traga frustração no curto prazo. A compensação virá no longo prazo. Se você se comporta como adolescente, fará o contrário. Deixará, por exemplo, de estudar num fim de semana para viajar à praia com os amigos, mesmo sabendo que assim poderá comprometer os resultados do exame vestibular no próximo mês. Gente imatura ganha no presente, perde no futuro. Não decide de fato, deixa-se levar por atitudes impulsivas e não abandona a zona de conforto.

Você nada tem de neurótico em viver conflitos quando está consciente das opções em causa. Distingue a realidade interna da externa e se conduz relativamente bem pela vida afora. Faz seu trabalho, administra suas dívidas, diverte-se com os amigos, ri, estuda ou chora com a perda de um ente querido.

Neurose começa quando você sistematicamente cria dificuldades em situações do dia a dia que são corriqueiras ou fáceis de controlar. Faz tudo isso sem notar que faz. A dificuldade pode ser pequena, com pouco dano pessoal. Mas pode ser grande e lhe causar sérios prejuízos emocionais ou financeiros – sempre inconscientemente, para complicar. Neurose se prende a processos inconscientes. Quando ela é de significativa gravidade, recomenda-se buscar a ajuda de um terapeuta – sugestão, aliás, que o neurótico resiste em aceitar.

Você tem o chamado impulso obsessivo quando age sempre da mesma maneira, não importa em que circunstância e mesmo que a ação lhe traga prejuízo.

Se seu caso for, por exemplo, de baixa autoestima, buscará sempre agradar a todo mundo, indiscriminadamente. É o que acontece quando uma moça não sabe distinguir de antemão se as promessas de um pretendente merecem credibilidade. A baixa autoestima vai levá-la compulsivamente a confiar nas palavras de qualquer um. Não pode duvidar, emocionalmente está como que proibida de duvidar. Se for o caso de um pretendente desonesto, ela se meterá em séria enrascada.

Num outro exemplo, um indivíduo com traços neuróticos de arrogância sempre agirá de modo agressivo contra os que com ele convivem. Há um incontornável ranço de superioridade em cada palavra que diz ou gesto que faz. Nesses casos, aliás, o mais provável é que, sem qualquer percepção da própria agressividade, ele se mostre orgulhoso do quanto é sincero.

A boa notícia é que as soluções neuróticas, embora sejam fruto de impulsos compulsivos, são mutáveis. Por essa razão, preferimos chamá-las de tendências neuróticas em vez de neuroses. A jovem do exemplo acima poderá elevar a própria autoestima e fazer melhores escolhas se encontrar a oportunidade de se aprofundar no autoconhecimento. Assim também o citado arrogante poderá canalizar a própria agressividade para ações produtivas e deixará de ofender pessoas indiscriminadamente.

As tendências neuróticas mais frequentes talvez sejam as de aproximação, de luta ou de fuga, as projcções e as externalizações, segundo Karen Horney. As três primeiras, sobretudo, que em boa medida são saudáveis e produtivas, tornam-se neuróticas pelo caráter rígido e extremado. O neurótico comete exageros dentro da normalidade, não consegue ser flexível.

> Você tem dificuldade em defender os seus pontos de vista?

Neurótico é bem diferente de psicótico. O neurótico tem contato com as realidades interna e externa, mas há algum fator que o perturba. Você, sendo neurótico, pode levar uma vida muito produtiva, mas se aterrorizar com a ideia de saltar de paraquedas. Ou não consegue prestar atenção ao que ouve porque só lhe interessa ocupar-se do próprio assunto. Ou sistematicamente não termina a leitura de um livro.

Já o psicótico não distingue realidade de fantasia. A realidade interior dele não confere com a realidade exterior. Se ele achar que é verde uma parede que sabemos ser azul, nada o convencerá do contrário. Diz-se que, para o psicótico, a soma de dois mais dois dá cinco, ao passo que o resultado continua sendo quatro para o neurótico – só que ele sofre por causa disso.

Inibição

De imediato, sugiro a você a leitura do conto "Missa do Galo", de Machado de Assis, para que comece a entender o que seja inibição. Não é um conto longo e você encontra cópias à vontade na internet. Ali, toda a narrativa gira em torno de um caso em que a inibição toma conta dos dois personagens centrais. Em cada gesto, fala ou silêncio deles, salta aos olhos a atração sexual recíproca. Mas eles não a percebem, ou melhor, a ignoram completamente. Nesse conto, Machado de Assis dá uma aula sobre inibição sem, entretanto, se referir a ela de modo explícito em nenhum momento, como um psicólogo faria. Numa leitura superficial, talvez você mesmo não encontrasse no conto senão uma sucessão de falas e gestos vazios, que conduzem a um final inesperado. Não vou lhe dar *spoiler* aqui. Quando muito, você ficaria intrigado com a timidez dos personagens e nada mais. Recomendo, então, ler "Missa do Galo" sob uma nova ótica, não literária – a do processo inconsciente de inibição.

Leia o conto ou não, o importante é você entender o que seja inibição. Aliás, entender o conceito é fácil... quando se refere aos outros. Inibição costuma ser confundida com timidez,

> Quando você deixou de fazer algo por motivo de inibição ou timidez?

hesitação ou introversão. Todas elas podem andar juntas, mas, como você verá, trata-se de algo mais profundo. Guarde bem essa definição: *inibição é uma incapacidade de pensar, sentir e agir*. Essa incapacidade ocorre em todas as circunstâncias da vida de um indivíduo inibido? Não! Ocorre naquelas em que um determinado impulso está sendo reprimido. Se você, por razões da educação que recebeu ou de outras influências, reprime a própria agressividade, você não vai senti-la nas ocasiões em que deveria sentir. Se reprimiu impulsos da sexualidade – e aí são muito frequentes as proibições de fundo religioso –, você não sentirá esses impulsos e não saberá como agir em situações que envolvem alguma sensualidade.

Ou seja: se você reprime um impulso, você não o sente mais. De certo modo, fica emocionalmente anestesiado e o impulso praticamente deixa de existir. Você para de pensar na existência dele e não age como deveria agir.

A inibição ocorre quando algum mecanismo de segurança interior é ameaçado. A ansiedade que a ameaça provoca gera inibição e esta impede a pessoa de pensar, sentir ou agir como seria natural em determinada circunstância.

Vamos a uma situação prática, exemplos levam a melhor entendimento. Imaginemos que você se tornou uma pessoa submissa, cordata, propensa a agradar a todos a todo tempo e incapaz de competir. Desde criança, sempre o mandaram calar a boca, até o castigavam quando desobedecia e você nunca teve o direito de contestar. Você precisou reprimir a própria agressividade. Como nem lhe permitiam sentir raiva, você passou a viver como se não a tivesse e formou seu caráter assim. Agora, você *não sente mais a raiva* como deveria ou precisaria em certos momentos. Tornou-se bonzinho, ajustado, incapaz de expressar ostensivamente uma revolta. E quando um pouco de raiva aflora em você diante de uma injustiça, você fica com sentimento de culpa.

> O que seus pais tinham costume de lhe dizer, na infância?

Isso o prejudica? Com certeza. Mas lhe dá a ilusão de segurança, porque amor é o que move sua vida. Você precisa se sentir amado e o tempo todo parece exigir que o mundo lhe dê provas disso. Tal comportamento lhe dá a falsa impressão de viver protegido.

Vamos supor que você se encontre numa séria discussão com alguém. O que vai acontecer? Como você inibiu a agressividade, fica comprometida sua capacidade de pensar, raciocinar. Então esquece os argumentos que deveria usar para defender seu ponto de vista. Atrapalha-se, confunde-se, chega a concordar com pontos de vista que vão contra seus próprios interesses. Obviamente, perde a discussão. Vencer significa agredir e você, tão bonzinho, não pode fazer isso. Lá do inconsciente lhe vem a ordem de ser sempre submisso e cordato. No dia seguinte, livre do ambiente carregado da discussão, você se volta contra si mesmo. Irrita-se por ter falhado. Confuso em relação a si mesmo, você se pergunta como pôde se esquecer disso ou daquilo. Só aí, então, você se recorda de argumentos que encerrariam a discussão a seu favor. Por acaso, ficou mais inteligente do que no dia anterior? É óbvio que não! Apenas, inconscientemente, esteve proibido de *pensar*, como esteve proibido de *sentir* raiva e de *agir* tomando alguma atitude. Inibição é isso.

Vamos supor, agora, numa outra forma de inibição, que você viveu numa família muito moralista, em que tudo o que se referisse a sexo antes do casamento fosse visto como pecado. Pecar o levaria ao fogo do inferno e isso lhe dava medo. Em outras palavras: causava-lhe ansiedade. Então, você cresceu reprimindo seus impulsos de natureza sexual. Deixou de senti-los conscientemente. Não os percebe em si e, lógico, não os percebe nos outros. Aí, vamos continuar supondo, você chega à adolescência e uma colega de escola quer fazer sexo com você. Ela o achou muito atraente, sedutor, e apenas quer transar sem compromisso. Como você introjetou a ideia de que sexo sem casamento é pecado, você não percebe a real intenção dela. Tampouco é capaz de *sentir* com alguma intensidade a própria atração pela colega. Assim inibido, você vive numa incrível ingenuidade. Interpreta a aproximação dela como intenção de namorar e, algum tempo depois, a pede em namoro. Ela vai rir de você e o deixará completamente aturdido. Os colegas provavelmente vão debochar de você.

Neste exemplo, a inibição pode estar ligada também a certa imaturidade, que será superada como o passar do tempo. Mais tarde, você próprio poderá rir do ridículo pelo qual passou. Em casos mais sérios de inibição, o indivíduo ignora durante toda a vida o próprio impulso – que por si mesmo seria condenável apenas em determinadas circunstâncias.

A inibição – repetindo: incapacidade de pensar, sentir e agir no momento em que é preciso pensar, sentir e agir – se manifesta em situações que envolvem qualquer impulso reprimido, como medo, inveja, agressividade ou sexualidade. Assim também podem estar inibidas dentro de você a capacidade de dar ou de receber manifestações de carinho, a de relaxar, a de ter ambições ou a de simplesmente ser feliz.

De onde provém a inibição, afinal? Ela provém de alguma norma inconsciente à qual, sem saber, você obedece. Você ignora a existência da norma, mas a segue impiedosamente. Freud chamou de superego essa norma inconsciente. Mesmo sem saber, você se submete a ela. Obedece a uma norma que não conhece – incrível, não?

Lembre-se, então, de que a inibição é um processo inconsciente. Sempre! Por essa razão, é muito difícil as pessoas descreverem as inibições que têm, no sentido exato da palavra. Quando muito, elas conseguem se referir a inibições tidas no passado e já superadas, mas quase nunca àquelas do momento presente.

Em geral, a inibição é fruto de educação muito severa ou dada com invalidações e injúrias, e que agora reside no superego. Para você ter se tornado inibido, o mundo lhe foi muito hostil na infância – ou você o interpretou assim. Como era a parte fraca e tinha medo de se rebelar e ser castigado, você aceitou como verdade existencial o que lhe diziam. Preferiu convencer-se da validade daquilo que lhe diziam e abriu mão do direito de contestar. Quanta criança não ouviu mensagens-bruxas como "Você nunca vai ser alguém", "Sexo é pecado", "Só o amor constrói" ou "Quem tudo quer tudo perde"? Algumas vinham até fortalecidas por certo tom religioso, como "Deus dá o frio conforme o cobertor" – esta praticamente uma ordem de se manter na mediocridade.

Introjetadas, as invalidações e injúrias de diversas naturezas levam o indivíduo, mais tarde, a não sentir o natural impulso de agir nessas direções. Não pode sentir atração sexual normal, não pode odiar, não pode ter ambições, não pode sobrepor-se a ninguém. Proibido de se manifestar, o impulso é atirado à penumbra do inconsciente. Vai engrossar o superego.

O indivíduo inibido vive uma anestesia que o empobrece emocionalmente e o afasta de certos momentos da realidade, como se essa realidade não existisse.

Segundo um ditado popular, oportunidade é um cavalo que passa encilhado. Não para, não espera ser montado e segue em frente. Quem montou, montou, quem não montou, não monta mais. Inibição é não montar pelo fato de nem enxergar o cavalo.

O início

Pais têm opiniões fortes a respeito de tudo e conhecem a verdade. Distinguem o certo do errado sem pestanejar. Sabem que caminho os filhos deverão trilhar para se tornarem adultos dentro da sociedade e bem-sucedidos financeiramente. Afinal, eles acreditam piamente conhecer e ter a posse da receita da felicidade, como dizia Jeannette B. Dente.[16]

Na infância que você viveu, provavelmente sua relação com os pais não acontecia de modo diferente. Você não tinha o direito de pôr em dúvida os princípios e valores deles. Aliás, nem havia por quê. Para você criança, eles eram grandes heróis. Você admirava neles a valentia e a sabedoria capazes de resolver todos os problemas.

Muitas vezes, porém, os conselhos e as orientações que seus pais lhe davam tinham outra prioridade: eles próprios. Não sabiam disso, evidentemente. Aliás, tomariam como ofensa alguém levantar tal hipótese. Mas o fato é que pretendiam que a *sua* criança não os fizesse passar vergonha em sociedade. Afinal, eram gente de muitas relações. Tinham um nome a zelar diante dos colegas de trabalho, dos parentes, da vizinhança. "O que os vizinhos vão dizer se nosso garoto não tiver uma profissão que dá dinheiro ou não fizer uma boa faculdade?", pensariam.

Em resumo: seus pais tinham certeza de que faziam tudo para o seu bem. Isso não deixava de ser verdade, pois eles o amavam de fato e não poupavam esforços para lhe dar o melhor. Mas isso não era a verdade completa. Cientes da missão de educar você, davam-se o direito de premiar o que entendiam ser virtude e de impor castigo ao que entendiam ser erro. Envolvidos por seus próprios conflitos e presos pela ansiedade, não percebiam que você não era cópia deles, como um adulto em miniatura. Sua individualidade não era inteiramente respeitada e isso deixou marcas em você.

> Você sabe a quem está sempre procurando agradar?

Pais são seres imperfeitos, mergulhados em contradições e também ansiosos por afirmação pessoal. Só a criança não os vê assim. Eles herdaram angústias que atravessam gerações, e as circunstâncias da vida lhes trouxeram novos conflitos e muitas inadaptações. Superaram algumas, talvez muitas, mas não todas com certeza.

Dê uma olhada na vizinhança, observe seus amigos, conhecidos e colegas de escola. Ouça com atenção a história de cada um. Verá que muitos viveram sob condições bastante adversas na infância e que ainda carregam na alma cicatrizes daquele tempo.

Uns tiveram pais muito corretos no agir, mas também extremamente rigorosos e sem flexibilidade diante da vida. Não sabiam ouvir as reivindicações dos filhos e, aliás, de ninguém. Apesar de também carinhosos, com sua rigidez tolheram toda capacidade futura desses colegas de tomar iniciativas e se arriscar. Hoje são bons colaboradores, não criam conflitos com o grupo, mas têm pouco brilho próprio.

Outros foram exageradamente amedrontados pelos pais quanto a perigos do mundo exterior. Que ameaça vinda de fora era essa? Mundo exterior perigoso seriam as pessoas de outra origem cultural – ou raça, como alguns pais classificavam. Para outros, seriam os praticantes de religião diversa da sua. O perigoso mundo exterior poderia ser até profissão diferente da exercida na tradição familiar.

Algum outro pode ter sido tão invalidado diante dos irmãos que interpretou a rejeição como consequência do fato de ser filho adotivo – uma inverdade, como constataria mais tarde. Vivia como um intruso e nunca sentiu sua casa como sendo realmente seu lar.

Ou talvez você tenha conhecido algum colega cujos pais promoveram verdadeira guerra em família. Colocaram irmão contra irmão – não importa se de forma consciente ou não. Como resultado, geraram entre eles ressentimentos insuperáveis vida afora.

Outro teve pai dominado pelo alcoolismo e que oscilava entre gestos carinhosos e agressões sem motivo plausível. Ao medo constante vivido dentro de casa, somava-se para ele, ainda criança, o sentimento de humilhação na rua.

Para algum outro colega, a carga de violência caseira teria tido tal dimensão que ele se anestesiou. O ambiente de medo constante e agressões despropositadas passou a lhe parecer dentro dos limites da normalidade. "Em toda família, as pessoas brigam", pensaria ele, tentando justificar para si a própria situação. Não se dava conta de que tinha pleno direito a uma vida mais feliz.

> Das qualidades que possui, de quais você mais se orgulha?

No frigir dos ovos, feliz terá sido você se viveu no seio de uma família que o respeitou como criança. Você se rebelava de vez em quando, cometia algumas diabruras e o puniam por elas. Mas não havia castigo exagerado nem violência desmedida. E sempre lhe explicavam por que errou. Deixavam-no falar e você tinha voz. Melhor ainda terá sido se nem punição você recebia. Dialogavam com você, não dramatizavam sua revolta e entendiam que, sozinho, você não conseguia sair da birra que começou. Respeitavam, enfim, seus direitos de criança.

Nenhum ambiente familiar equivale a outro. Cada qual tem lá sua escala própria de valores, seus vícios e virtudes, costumes e idiossincrasias. Não há infância igual. Existem as orfandades, existe o convívio com irmãos ou não há irmão – e existem as circunstâncias. Algumas famílias vivem ampla carência de recursos: mal colocam alimento à mesa, nada absorvem de cultura e vivem à mercê de reações emocionais. Outras vivem a fartura sob todos os ângulos: viajam pelo mundo, estudam em profundidade e têm rico repertório de emoções e afetos.

Volte o olhar à *sua* infância e veja como foi lá que tudo teve início. Infância não é só precedência cronológica. Infância é causa – e define a maneira como você hoje vê e sente o mundo.

Seja qual for a infância que você teve, seus pais disseram muito "não" a você. Dela você herdou uma imensa insegurança, pouco importando se hoje você se recorda do que lhe tenha ocorrido. Karen Horney chama de angústia básica essa insegurança que gera, já na infância, a sensação de não pertencimento que se projeta para a vida adulta. Da insegurança advém a ansiedade, que se manifesta em soluções neuróticas traduzidas por inadaptação ao ambiente.[17]

A solução neurótica é um recurso compensatório ao sentimento de insignificância instalado dentro de você. A dor da própria nulidade, você a recobre com um manto de fantasias sobre si mesmo e se orgulha delas. Cria um eu idealizado que, com uma varinha mágica nas mãos, torna virtude toda falha que você tem. Seus olhos só veem a pretensa virtude.

Ansiedade é fingir serenidade com uma espada de Dâmocles sobre a cabeça do eu idealizado. Para se proteger da espada, você se cobre inconscientemente com o elmo de falsas virtudes. Para prová-las, coloca-se em posição de vítima e hostiliza o mundo. Não assume a hostilidade que tem – afinal, para você, nada mais justo do que se defender do mundo hostil, não é mesmo?

A criação de um eu idealizado é a fórmula mais habitual que você pode criar para fugir ao sentimento de nulidade que tem guardado dentro de si. A fuga é uma viagem interior que se revela em tendência neurótica.

Sendo tendência, você pode revertê-la um dia. A energia que possibilita a reversão chama-se afeto. Pode ser o afeto de uma professora, de um amigo ou amiga, namorado ou namorada reforçando dentro de você a autoestima e a autoconfiança. Basta que ele ou ela, recusando-se a entrar em seu jogo de fantasias hostis, lhe mostre o lado saudável e oposto da moeda ansiosa.

Tendência neurótica é a soma das tentativas que você faz de escapar à ansiedade. Elas são compulsivas e você fica impossibilitado de escolher. Afinal, já vimos isso, os mecanismos do inconsciente são inflexíveis, porque não há como dialogar com ele.

Lá na infância, sem que percebesse, você adotou uma forma de agir que o livrasse da angústia básica de achar que tinha pela frente um mundo permanentemente hostil.

Karen Horney resumiu as tendências neuróticas no que ela define como sendo três movimentos: de aproximação, de oposição e de afastamento das pessoas.[18]

Esses movimentos seriam, respectivamente, os responsáveis pela formação do tipo autoanulador, do tipo expansivo e do tipo resignado. (Vamos imaginar nas próximas páginas você vivendo cada uma dessas tendências. Na verdade, vive as três, sob vários aspectos, mas sempre há aquela que predomina e que determina mais vigorosamente o comportamento objetivo. A tendência predominante é que caracteriza você.)

O autoanulador

Se o ambiente em que você cresceu lhe era hostil e não lhe permitia ter voz ativa, você se calou. Ou você viveu talvez em segundo plano em relação a um irmão. Ou teve pais autoritários. Ou foi invalidado ao tomar iniciativas. Ou você era a parte fraca talvez até por ter saúde precária. Calou-se, enfim, para não ser punido e não perder o afeto de seus objetos primários de amor. Calou sentimentos, opiniões e desejos autênticos. Tornou-se obediente, submisso, e adotou como seus os valores que lhe sugeriram adotar.

Mas não foi uma escolha consciente. Sem forças nem o direito de se rebelar, tomou inconscientemente a pior decisão: *deixou de sentir* qualquer revolta. Reprimiu a própria agressividade e passou a viver como se ela não existisse. Anestesiou-se.

Entretanto, não nasceu assim! A tendência de autoanulação moldou-se nas convivências da infância que invalidaram sua rebeldia.

Hoje, já não precisa que alguém o faça sentir-se inferior. Você aprendeu a ser menos por si mesmo e assim se vê: fraco e dependente. Chega a se considerar merecedor do desprezo com que outros por vezes o tratam. Se recebe elogio, fica incomodado e não o aceita de bom grado. Acredita ter mérito menor do que lhe foi atribuído.

> Quando você abriu mão de direitos que tinha e se prejudicou?

Gosta de ter quem lhe diga em pormenores o que deve fazer, mas resmunga por ter que executar a vontade alheia. Nunca expõe revolta. Isso implicaria sentir agressividade dentro de você, e ela é seu maior tabu. Tudo o que você quer é paz no ambiente – mesmo que tome prejuízo. De certo modo, se comporta na vida como se para você todo mundo fosse superior.

Amor! Essa palavra mágica passou a reger seus dias e gestos. Você sabe amar as pessoas, é verdade, mas não na dimensão que imagina. Sem se dar conta, cultiva uma versão muito particular de amor. Para você, amar implica ceder, fazer a vontade alheia, abrir mão de direitos. O amor que distribui não visa apenas o bem das pessoas. Visa especialmente desarmar a agressividade delas. Viver em ambiente pacificado, em que todos se amam e ninguém se agride, é seu grande sonho.

Os animais, se não sabe, têm um natural *circle of fear*. Esse círculo de medo é uma área física que não pode ser invadida sem que provoque estresse e eles contra-ataquem ou fujam. É variável o limite do círculo de medo que cada espécie animal tem. Você também tem um *circle of fear* de caráter emocional, que não pode ser invadido. Mas você costuma permitir que seja. Não se defende. Seu problema de autoanulador é não impor limites, porque reprimiu a agressividade. Frequentemente a passividade diante da invasão do *circle of fear* causa depressão e você não entende por que ou de onde ela veio.

Tende a acreditar mais na opinião alheia do que na própria. Mesmo com diploma superior, não defende as próprias opiniões e tende a dar razão a pessoas fora de sua especialidade.

Sua autoestima se mede pelo que acha que pensam de você – e sempre acha que o acusam de algo. Engole insultos como se os merecesse.

De tanto não exigir direitos, perde a noção dos que tem. Ambição é um dos direitos que perdeu. Suprimiu todas as ambições. Pudera, para conseguir algo teria que batalhar, e agressividade, como já sabe, é o seu tabu. Bonzinho, não briga por nada. Num jogo qualquer, se percebe que está vencendo, começa a cometer erros de amador. Nenhum técnico esportivo gostaria de incluí-lo em sua equipe.

Se você consegue algum êxito, diz ter sido por sorte. Foge assim ao compromisso de continuar lutando. Prefere ficar longe dos holofotes, não expõe os bons trabalhos que faz e o sucesso lhe causa angústia.

Não sabe pedir, porque se sente um explorador desonesto, e se lhe pedem algo não sabe dizer "não", porque precisa agradar. Cuidar de si soa como egoísmo condenável. Feitas as contas, fica sempre no prejuízo.

Quando precisa pôr preço justo nos trabalhos que faz, você hesita, fica confuso. Joga o preço para baixo antes que lhe peçam, para fugir à sensação de

> Quando você se sentiu intruso em um ambiente familiar ou social?

que está roubando. Depois, se sente roubado por ainda ter dado desconto no preço mínimo que orçou. Mesmo assim, acha não ser merecedor do dinheiro ganho. Sempre se vê pobre – e se orgulha de modéstia que na realidade não tem.

Como se colocou no mundo como pessoa fraca, acha que para os outros tudo é fácil e para você, difícil. Por conta disso, faz inconscientemente uma estranha contabilidade. Ao beneficiar alguém, atribui exagerado valor ao pouco bem que fez. Ao mesmo tempo, entende que o bem recebido não demandou esforço ao benfeitor. Se retribui, não é por reconhecer o valor do que recebeu. É para não arranhar a autoimagem de bondade em pessoa.

Sente-se um estorvo onde está. Exclui-se de encontros por antecipação e fica surpreso se lhe dão atenção. Vai além: como não gosta de ficar só, acha-se no direito de exigir que lhe façam companhia. Mas como não sabe exigir nada na modalidade olho no olho, faz chantagem para ganhar afeto.

Como você não pode sentir a própria agressividade, também não a vê nos outros. Assim, não sabe discernir entre ato amistoso e não amistoso e se torna presa fácil de aproveitadores. Ou faz más escolhas afetivas: soa-lhe desonesto desconfiar ou observar alguém com objetividade. Mesmo traído na boa-fé, acha lindo perdoar. Continua a acreditar ser passageira a má intenção alheia. Se lhe puxam o tapete, culpa o tapete.

Sua autoimagem é distorcida, ora para mais, ora para menos. Não acerta quando se louva, não acerta quando se despreza. Inconscientemente, você se atribui virtudes que não possui de fato – como altruísmo, generosidade, saber perdoar, santidade, até –, e orgulha-se da própria superioridade moral. Ao mesmo tempo, cultiva autorrecriminações o tempo todo.

A sensação de egoísmo e presunção o imobiliza. Não toma a iniciativa diante do que possa lhe trazer vantagem. Não aborda a moça ou o rapaz por quem sente atração, agarra-se à modéstia e descuida dos próprios interesses financeiros ou emocionais. Fazer terapia é luxo que raramente se permite. Na vida social, cuida mais dos outros do que de si mesmo e tem exagerado senso de estar sendo ridículo.

Falar sobre dores, tristezas e sofrimento dá-lhe secreto prazer. Parece até não merecer alegria prolongada. Como aprecia o papel de vítima, inconscientemente pode até gostar de ser maltratado. Quando não o é de fato, inventa para si que foi. O acúmulo de ressentimentos contra insultos recebidos (que costuma exagerar) pode levá-lo à explosão – dada com prudência em ambiente que de antemão sabe ser-lhe menos hostil.

Depois de explodir, naturalmente se debruçará em mil pedidos de perdão. Tem pleno direito a ser perdoado, como não? Afinal, você estava apenas transtornado quando perdeu a compostura e gritou ou fez o que não convinha. É de seu hábito exigir amor incondicional, não importa o comportamento que venha a ter. Os outros são fortes, têm a obrigação de se mostrarem compreensivos e podem muito bem passar por cima de seus desaforos. Além do mais, se você cometeu alguma agressão, foi absolutamente sem querer. Sua imensa bondade jamais lhe permitiria ferir alguém de propósito, não é mesmo?

Sente-se magoado se não apreciam seus favores. Mágoa você até se permite ter, há suavidade no nome. Mas o que tem de fato é ódio, palavrão que não admite. Mágoa, já se disse com certa ironia, é o nome que freira dá ao ódio.

Sua tentativa de fuga ao autodesprezo leva você a hostilizar sutilmente os outros, provocando neles alguma reação. Isso preserva seu eu idealizado de pessoa bondosa, pois, afinal, tornou-se apenas uma indefesa vítima da maldade alheia.

Sua escolha amorosa tende a recair sobre parceiro arrogante. Ambos se complementam. Caso haja uma doentia relação simbiótica, você pode chegar a viver *através* do parceiro ou parceira as emoções que reprimiu.

Se tem alguma carência secreta de autodegradação, ela pode se revelar em fantasias apenas, mas pode também assumir atitudes masoquistas nas relações sexuais.

A solução para toda essa autoanulação? Você terá melhor qualidade de vida emocional se e quando perder o medo de externar os próprios impulsos de agressividade. Eles não vão destruir o mundo, como imagina. Você precisa aprender que só o ódio constrói. A receita não serve para todos – não generalize –, mas é vital para você, autoanulador.

O expansivo

Enquanto o autoanulador busca *aproximar-se* das pessoas, você, expansivo, faz *oposição* a elas. Os dois são intrinsecamente contrários. Em comum, têm apenas o hábito de agir compulsiva e indiscriminadamente.

Em princípio, sua mente reativa o classificou como um ente superior. Nunca se vê em pé de igualdade com alguém.

Conviver, para você, significa impor sua vontade ou ponto de vista, dominar, colocar-se acima de todos. Divide o mundo entre fortes, como você, e fracos. E entende que isso lhe dá todos os direitos. Em contraponto ao autoanulador, que reprime a agressividade, você a expressa a todo momento. Ataca primeiro, para não ser atacado. Sua mente reativa lhe diz que todos são hostis e você crê que apenas se defende. Justifica como defesa as agressões que começou.

Não se permite imaginar obstáculo intransponível – seja ele intelectual, emocional, de saúde ou a oposição de pessoas.

É bem-dotado, mas cria problemas por não admitir limitações. Vendo-se superior ao que é, empreende mais do que pode realizar. Colhe fracassos e não desiste da luta. Porém, fracassos repetidos podem dobrar a espinha do seu orgulho. Isso trará à tona o secreto ódio que tem de si mesmo e você se afunda em depressão. Pode até chegar ao suicídio.

Nada espera dos outros e atira-se à luta com disposição incomum. Às vezes, sabe camuflar a agressividade e exibe uma pragmática e sedutora cordialidade.

Como todo personagem vencedor na história, é dotado de muita proatividade e espírito de iniciativa. Mas suas tendências neuróticas exacerbam seus sentimentos, tornam compulsivas suas reações e lhe tiram o discernimento na hora de decidir.

Você ama a força. Ao mesmo tempo, tem horror e desprezo por fraqueza e desamparo. Não se trata de capricho pessoal. É um mecanismo de compensação. Você precisa negar o sentimento interior de insignificância. A convicção de que dominou os próprios medos é ilusória, mas dela advém sua determinação de seguir em frente.

O orgulho da própria força lhe dá o direito de desprezar o fraco e rejeitar ser indulgente. Abusa do direito da força e se vangloria da força do direito. Em você, o poder nasce da fraqueza, fruto do autodesprezo inconsciente. Ignora que poder genuíno é o que nasce da força.

Exige ser admirado e pouco lhe importa invadir direitos alheios, fraudar contratos ou não cumprir o prometido. Age como se não precisasse prestar contas a ninguém.

Como gosta de explorar, reage explosivamente à mínima possibilidade de alguém fazer o mesmo com você. E não se pode negar que desenvolveu grande talento em perceber manobras exploratórias dos outros.

Sentindo-se dono da verdade, centraliza toda conversa. Não ouve ninguém e boceja quando os outros falam. O assunto alheio serve apenas de trampolim para o seu. Tampouco se interessa pela verdade em si. Precisa ter razão a todo custo, mesmo distorcendo os fatos. Não lhe interessa a verdade, você só quer impor seu ponto de vista.

> Você tem necessidade de manter tudo sob seu rígido controle?

Reveste de superioridade tudo o que faz – da preparação de um churrasco à construção de uma ponte. Nada é bom por si; é bom porque *você* fez. Desqualifica as pessoas e considera superior só o que lhe diz respeito: profissão, família, ambições pessoais. Insufla a própria vaidade com *hobbies* que lhe deem prestígio.

Péssimo perdedor, esquece o respeito às pessoas mais próximas e faz de um simples jogo de baralho em família uma verdadeira praça de guerra.

Você não se tornou expansivo na vida adulta. Começou cedo. Por longos anos, desenvolveu grandes habilidades e costuma ser bem-dotado – o que, a seus olhos, lhe confere certa onipotência.

Por mais que negue, é carente de afeto. Mas aprecia e cobra dedicação, elogios e admiração.

Você se dá o direito a toda sorte de privilégios e vive esse papel sem culpa.

Seu eu idealizado cobre de mérito e louvor todo ato censurável. Acha-se justo, quando na verdade é implacável; realista, quando só cuida de si; sincero, quando destrata e humilha; e honesto, quando revela hipocrisia alheia. Não acredita haver filantropia sem interesse pessoal.

Amar é mostra de fragilidade porque o torna dependente de alguém. Convenceu-se de que paixão nada mais é do que certo distúrbio da atenção.

De modo geral, a hostilidade reprimida emerge na busca ou de poder, ou de prestígio, ou de posses. Na prática, as três tendências se mesclam em você – mesmo porque se alimentam mutuamente. Mas há sempre uma que predomina.

A *busca neurótica de poder* começa, em geral, após tentativas na infância de obter afeto. Isso gerou ansiedade e agora você quer superar a sensação interior de desmerecimento. Reage, exaltado, contra tudo o que possa parecer fraqueza. Receber ajuda, pedir informação, aceitar um conselho ou concordar com alguém, tudo isso o torna dependente – e dependência é sinal de inferioridade.

Ter poder o livra do sentimento secreto de insignificância. Você não admite, então, que algo fuja ao seu controle. Nada pode começar sem sua inteira aprovação – embora faça elogios à iniciativa individual. Sua vontade é lei. Irrita-se quando alguém não faz exatamente o que você quer. Não percebe o quanto vive dando ordens. Numa relação a dois, irrita-se quando a pessoa amada não telefona para dizer onde está ou o que faz.

> Você percebe o quanto humilhar os outros lhe traz satisfação?

Concordar é mostra de fraqueza. Por isso, sempre corrige ou coloca restrição no que ouve. Ninguém pode saber mais do que você. Às vezes, assume o papel de ser "do contra". Se alguém citar Beethoven como gênio, questionará o termo "genialidade".

As relações amorosas são prejudicadas pela exigência interior de nunca ceder. Não entende que amar implica entrega e compartilhamento. Na mulher, o medo de ceder pode levar à frigidez, uma vez que orgasmo pressupõe abandonar-se.

Não acreditando em sinceridade alguma, não se vê na obrigação de ser sincero. Explorar os outros é mostra de sabedoria.

Tem prazer em frustrar as pessoas e compulsivamente precisa aplicar derrotas, seja ao professor, ao médico ou ao colega. Chega a piorar por não tomar a medicação prescrita: quer provar que sabe mais que o médico.

Você abafou todo sentimento e só se importa com o intelecto. Daí, orgulha-se da própria capacidade de planejar: ela lhe dá a certeza de que domina qualquer situação.

Não gosta de gente – mesmo que pareça o contrário, pela vida social que leva. Como professor, por exemplo, você se interessa mais pela questão didática do que pelo aluno em si.

Tem comportamento igualmente compulsivo quando a prioridade é a *busca neurótica de prestígio*. Agora, precisa ser admirado e ganhar elogios. Você até devaneia em torno de situações nas quais brilho intelectual, beleza física ou bom humor o tornem centro das atenções. É frequente sua cultura não ir além da superficialidade: basta a aparência que impressiona.

Chega a ser perdulário na compra de tudo que chama atenção.

A busca de prestígio objetiva mascarar o sentimento de insignificância que inconscientemente o aflige.

Para brilhar, você age com arrogância. Também humilha as pessoas – uma forma de vingança de humilhações que sofreu na infância. Ter sido pobre ao lado de parentes ricos ou discriminado socialmente, ter tido irmãos preferidos pelos pais ou ter sido ignorado por estes – tudo isso se torna pretexto para a vingança.

Mas você tem medo de represália se humilhar alguém. Então, age com sutileza: atrasa-se, deixa pessoas em longa espera ou cria situações constrangedoras.

Não consegue participar de uma roda de conversa sem chamar para si e para seu assunto todas as atenções.

Já sua *busca neurótica de posses* tem origem diversa: conscientemente ou não, você se sentiu humilhado na infância por alguma carência. O temor de retorno à pobreza o angustia – por isso, precisa ter sempre mais. Ter ambição é bom, saudável, mas em você ela tem caráter compulsivo. A ansiedade elimina a capacidade de discernimento e você não consegue ser criterioso.

Para obter mais posses, com frequência se torna perfeccionista – um meio de controlar a vida. Do alto de sua neurótica perfeição, despreza as pessoas – falha intolerável, entretanto, para suas pretensões de perfeição. Torna-se, então, gentil e atencioso, mas com certo pedantismo. Falta-lhe naturalidade. Obriga-se a nunca mentir, é pontual, fala corretamente, cumpre seus deveres e veste-se bem. Mas exige o mesmo dos outros, para fugir à conscientização da própria hipocrisia. Prefere ser respeitado a ser amado. Preso ao passado, não cria nada, mas dá aparência de originalidade ao que faz.

Foge da verdade como o diabo da cruz. Dá-se o direito a grosserias por se julgar exemplo de retidão. Está extravasando o represado ódio a si mesmo. A hipocrisia que atribui aos outros é a carapuça que se recusa a vestir.

Usa artimanhas para explorar as pessoas sem que possam reclamar. Ardiloso, ainda se proclama justo.

Você desaprendeu, desde pequeno, que pode ser amado. Por isso, matou a ternura dentro de si. Prefere impor-se pelo medo e, cheio de inveja, contempla pela fresta da janela a felicidade alheia.

O resignado

Enfim, em sua tentativa inconsciente de superação da ansiedade, você pode ter escolhido uma terceira via: a resignação.

Nesse estado, nem busca aproximação, nem faz oposição às pessoas: simplesmente afasta-se delas. Hesitando entre o autoanulador e o expansivo, você não é nem quente, nem frio. Por essa razão, também é chamado de indiferente. O grande propósito é passar a vida sem conflitos e nunca ser importunado por nada nem por ninguém. No seu vocabulário, você chama isso de paz.

Mas não encontra paz. Você vive encastelado, encolhido, fugindo das emoções e dos esforços de qualquer natureza. Todo esforço lhe parece antinatural e desperta em você uma surda revolta. Sua falta de ambição vem daí, em grande parte. Sua aparente serenidade não é virtude, tudo não passa de pura acomodação. Recusa-se a admitir os talentos que tem, para não precisar agir, e prefere a mediocridade – que orgulhosamente chama de modéstia.

Lembre-se de que você não nasceu resignado. Tornou-se assim, a partir de algum momento da vida. A causa pode ter sido uma educação muito rígida, que não lhe permitia expressar revolta. Então, você se excluiu emocionalmente da família para brincar sozinho. Expressou revolta por meio do afastamento, que o protegia do castigo. Mas pagou um preço alto: estancou sua capacidade de amar. O empobrecimento emocional que se instalou iria crescer paulatinamente.

Liberdade é sua palavra mágica, seu *leitmotiv* existencial de resignado. Mas também ela possui significado próprio em seu vocabulário particular. Não é uma liberdade proativa. Você não se vê na obrigação de agir. Protela tudo, seja lá o que deva fazer. Trabalha por obrigação ou necessidade, não por motivação. Se não dá para fugir a uma atividade, arrasta-se na ação. Urgência não o estimula nem desafia; apenas o incomoda.

Cansa-se por antecipação. Tudo, aliás, lhe dá cansaço – e não se trata de fingimento. De fato, você se cansa mais do que o normal diante de qualquer esforço.

Talvez você, resignado, não chegue a excluir sexo de sua vida, mas pode dar a ele outros significados. Fazer sexo lhe daria a ilusão de estar se ligando a alguém. Ou talvez seja apenas fonte de prazer, não há afeto na relação. Talvez ainda, casado, prefira ficar só, sem interesse na troca de intimidades. Talvez até nem sinta ciúme, dada a confusão que você faz entre a liberdade do outro e sua necessidade de se isolar.

O orgulho neurótico o convenceu de que o ideal é não ter aspirações. Nada merece sua dedicação ou vale seu esforço. Às vezes, se empolga por algo, mas tudo não passa de fogo de palha.

Por preguiça, você se veste com desleixo e se descuida da aparência pessoal. A causa é a preguiça, não importa que desculpa se dê. Já se sabe, afinal, que você se vangloria de não ser escravo da moda e das convenções sociais. Você é livre, não é mesmo?

Se sua capacidade de amar permanece tolhida, o ódio também. Diante de uma injustiça social, prefere acomodar-se.

Pode apaixonar-se por uma ideia política, uma causa ecológica, um princípio religioso ou arte em geral. Defende com unhas e dentes esses valores, isso lhe dá ilusão de comprometimento com a vida. Mas tudo fica no campo das abstrações. Você evita a todo custo pôr a mão na massa. Prefere o *dolce far niente*.

Seu repúdio inconsciente a toda forma de autoridade – característica em comum com o expansivo – logo se vê na desconcertante rispidez com que repudia uma sugestão. Deixa de fazer algo apenas porque terceiros esperavam que fizesse. Expectativa alheia, para sua compulsiva repulsa a autoridade, significa ordem – e você não obedece a ninguém. Tem horror a toda forma de coerção, real ou imaginária.

> Você aceita sugestões e palpites facilmente ou eles o incomodam?

Entretanto, como também reprimiu em parte a agressividade – característica em comum, agora, com o autoanulador –, submete-se com desdém. Tem medo de ferir a suscetibilidade alheia e haver represália. O conflito interior entre revolta e submissão o angustia – e a não resolução desse conflito causa a inércia que o absorve.

Do seu ponto de vista, nada deveria incomodá-lo ou trazer-lhe preocupação. Nem mesmo a vida teria direito de lhe causar sofrimento.

Autossuficiência é compulsiva em você, que prefere resolver tudo sozinho. Mas por uma razão particular: enquanto o expansivo é autossuficiente para exibir força e poder, você apenas quer preservar o isolamento.

Por um mecanismo inconsciente de compensação, seu afastamento emocional pode derivar para certo amor excessivo à inteligência. Acredita que pelo raciocínio tudo se resolve da maneira mais cômoda e que entender um problema emocional já bastaria para chegar à solução.

O distanciamento emocional que mantém das pessoas não resultou de escolha, mas de condicionamento. Chega a ter medo de laços intensos de amor ou amizade. Isso serve a dois propósitos: não perder sua liberdade e não ser absorvido por entusiasmo alheio – o que o obrigaria a mobilizar energias adormecidas. Quando cede e se envolve, é porque foi induzido a fazer algo coincidente com o que antes havia reprimido dentro de si mesmo.

Ao dar início a uma relação afetiva, você não se joga nela de corpo e alma. Precavido, guarda ciosamente na manga um silencioso plano b de fuga. Precisa se resguardar *a priori* de toda e qualquer ameaça à sua liberdade.

Sendo frágil o elo que o liga às pessoas, não sente saudade intensamente. Contatos acontecem por necessidade ou conveniência, mas, ao se afastar, parece que você nunca esteve ali.

Não espera gratidão alheia. Quando a gratidão vem, fica surpreso – não por ela em si, mas por terem se lembrado de você. Isso não passa de generalização de sua parte: como você se esquece das pessoas com facilidade, acha que todos fazem o mesmo quando se trata de você.

Foge a toda forma de competição. Competir cansa, requer o resgate da agressividade e isso exige mobilização de muitas energias. Mesmo quando você exerce um trabalho de acordo com suas inclinações naturais, a produtividade é reduzida ao mínimo necessário. Rotina, como ausência de desafios, faz parte de suas preferências.

Você não difere dos demais neuróticos na habilidade inconsciente de tornar virtude o que constitui falha. Você matou suas ambições e caiu na inércia. Mas se vê como pessoa serena, liberta das exigências da sociedade de consumo. Chama de senso de justiça o que não passa de deliberada neutralidade. Justiça, para você, quer dizer apenas não invadir direitos alheios. Orgulha-se de ser livre, entretanto, só usa a liberdade que tem para não fazer nada.

Não se recusa abertamente a fazer o que lhe pedem. Como reprimiu a própria agressividade, não pode dizer "não". Mas com facilidade esquece o que prometeu ou joga tudo para as calendas.

Sua inércia não se restringe ao agir. Você inibiu também o pensar e o sentir. O sentimento não tem caráter proativo: ficou reduzido a mera reação.

Por incrível que pareça, a capacidade de se manter insensível a sentimentos alheios pode ser vantajosa para si mesmo e para os outros. Como você evita tomar partido em debates, torna-se um pensador imune à influência de opinião alheia. Seu olhar neutro vê os fatos com maior amplitude, analisa o que há de bom em cada um dos lados e tira conclusões com maior objetividade. Filosofar lhe cai bem.

> Você se considera uma pessoa sensível aos sentimentos alheios?

Como tem forte tendência de levar uma vida destituída de esforço, você pode, se não tiver sólida formação moral, se envolver facilmente em corrupção – mesmo porque a necessidade de luta pela sobrevivência já lhe parece *a priori* uma injustiça.

Sua entranhada resignação poderá levá-lo por diversos outros caminhos. Talvez busque a superficialidade, apegando-se a coisas fúteis para preencher o vazio interior. Talvez prefira distrações, sejam elas socializadas ou solitárias, como ver televisão ou ler banalidades que não requerem reflexão. Talvez saia em busca de sucesso fácil, na tentativa de elevar a autoestima pela boa impressão que pretende causar. Talvez, ainda, se torne totalmente adaptado, acomodando-se na vida como uma peça de engrenagem que se molda a outra sem atrito.

Como você não mobiliza o sistema nervoso e se anestesia diante da vida, terá crescente necessidade de estímulos fortes para reagir. Com o passar dos anos, caminhará em direção à morte emocional. Só há um modo de reavivá-lo: uma influência externa forçá-lo a agir com intensidade, mesmo que resista – porque certamente resistirá com mil justificativas.

Sua passividade diante da vida significa que você não sofre? Aí as aparências enganam: você sofre muito interiormente e se angustia. E não está só: todo neurótico sofre! As soluções que adota não são mais do que fuga à dor de entrar em contato com a própria insignificância.

Projeção

Já reparou o quanto você acha que os desejos, necessidades ou pontos de vista dos outros são semelhantes aos seus? Se você gosta de comida chinesa, de filmes de terror ou de fazer trilha, como alguém pode não gostar? Aí, quando descobre haver diferença de gostos ou princípios de ação, muitas vezes fica frustrado – não pelo equívoco que cometeu, mas porque, no seu entender, os outros estão mesmo errados.

A frustração vem com mais intensidade quando você quer beneficiar alguém e sua dedicação, tão generosa e altruísta no seu entender, não é devidamente reconhecida. O esperado agradecimento não vem – ou vem abaixo do que seria a justa medida – e seu orgulho fica ferido. Mas nem por um momento você aceita ou entende que o tal benefício talvez só existisse em sua mente. Ele não atendia aos desejos, preferências, valores ou necessidades da pessoa beneficiada. Imagine o que não deve sentir uma amiga que recebe de você um vaso "maravilhoso" para decorar a sala dela. Só que o vaso não é do gosto dela, não combina com os móveis, é posto de lado e você se enfurece pela ingratidão.

A generalização – esse é o nome – dos próprios pontos de vista é bastante comum e pode ser conscientizada, basta um pouco mais de maturidade. Procure, então, ser objetivo no trato com os outros e preste mais atenção *a eles*. Vocês se pouparão de um inútil desgaste emocional. Informe-se antes sobre gostos, preferências e modos de pensar do outro e tudo ficará mais fácil.

Mas a generalização, quando se torna um processo inconsciente, ganha outro nome: projeção ou identificação projetiva.

A projeção vai funcionar, para você, como autodefesa contra os próprios impulsos destrutivos – ou subjetivamente assimilados como sendo inaceitáveis. É o mecanismo neurótico que você utiliza para defender com unhas e dentes o eu idealizado, tão cheio de pretensas virtudes. Reconhecer que projeta nos outros – ou em alguém, especificamente – o que reprova em si mesmo requer humildade. Precisa ter vontade expressa de amadurecer para superar isso.

> Quando você ficou frustrado pela falta de agradecimento?

Já reparou o quanto você se irrita ou se sente incomodado ao ver uma ou várias pessoas agindo de uma maneira que você acha incorreta, mesquinha ou apenas inadequada? Já reparou o quanto não consegue manter calma interior quando isso acontece?

Não pense que há alguma objetividade na avaliação que você faz do que tanto o incomodou e o fez perder a paciência. A alteração em seu estado de espírito não ocorreu gratuitamente. Se observar bem, verá que muitos de seu convívio ficam indiferentes e tampouco se irritam diante daquilo que o perturba tanto. Já tentou entender o porquê da diferença? Não vá pensar que foi por causa de desatenção deles.

Você está com o que se pode chamar de raiva do espelho. Projeção é isso. O que o incomoda tanto em comportamento alheio é espelho de uma característica sua – e que você jura não ter! Até emprega mil argumentos para provar a própria inocência.

A irritação é o sintoma mais comum do mecanismo neurótico da projeção. Com a tal raiva do espelho, você não tolera ver refletido fora um defeito interno seu.

Não se trata de obra do acaso. Sua mente está sobrecarregada de normas incutidas por seus pais – e você ignora isso. Eles lhe ensinaram que vários impulsos são feios, sujos, antissociais, pecaminosos ou patológicos. Apresentaram razões morais ou religiosas para justificar proibições. Como certos impulsos seus foram proibidos, você fez o que para agradar aos pais? Reprimiu, parou de expressá-los. Ficou emocionalmente anestesiado e nem os sentia mais. Os impulsos supostamente deixaram de existir.

A repressão de um impulso é obra do superego – que se caracteriza por ser inconsciente, portanto, fora do controle analítico. Em razão disso, ele também é inflexível. Resultado: você é condenado por um tribunal interior cuja existência você desconhece e, não bastasse isso, você não sabe do que está sendo acusado.

O problema é que o impulso reprimido não morreu e você, desinformado pela inibição, não sabe que ele está vivo e que se diverte criando armadilhas.

Aí vem a raiva do espelho, a raiva que sente de quem reproduz comportamentos que você condena – mas que inconscientemente inveja.

Uma história real o ajudará a entender isso melhor. Em certa ocasião, uma pequena aluna do Projeto Escola Vida[19] ficou intrigada com a explicação que recebeu a respeito do mecanismo interior de projeção. Ela contou que a simples presença de certa colega de classe a irritava. O motivo, segundo ela, seria o fato de a colega brilhar – ou, na expressão que usou, "ser muito aparecida".

> Qual defeito alheio tem o dom de causar irritação em você?

Aí a aluna se perguntou se ela própria não desejaria ser como a colega. Quando lhe foi dito que nisso não haveria problema algum, ela se transformou. Sentiu-se perdoada pela autoridade moral do professor. O superego dela não iria mais exigir modéstia compulsiva de sua parte. Ela poderia brilhar também. Não precisaria mais reprimir dentro de si o impulso saudável de buscar destacar-se. Na semana seguinte, a aluna relatou que a irritação com a colega "muito aparecida" deixara de existir. Até haviam se tornado, de repente, grandes amigas.

A aluna não teria mais que treze anos. Parece que a limpidez da alma infantil é um terreno fértil que ajuda a progredir com maior rapidez. Adultos têm resistido mais a assimilar o conceito de projeção quando ele se aplica às suas vivências pessoais.

Projeção, portanto, consiste em camuflar os impulsos que você condena em si mesmo. Eles não são essencialmente maus, negativos, mas seus pais lhe ensinaram que são. De fato, há impulsos que a princípio são bons e, no entanto, ficaram proibidos por uma educação muito rígida, moralista ou apenas equivocada. A criança, frágil e receptiva em seu período de formação da personalidade, introjeta a proibição e reprime o impulso saudável. Não o sente mais. O caso citado da aluna "muito aparecida" exemplifica bem isso.

É essencial que você assuma o seguinte: sua natureza é animal. Tem dois instintos básicos, que são o de matar e o de copular. São eles que garantem a sobrevivência do indivíduo e da espécie humana. É graças aos impulsos originados desses instintos que o ser humano sobreviveu e se expandiu sobre a face da Terra desde milhões de anos atrás. Não é você que agora vai mudar isso.

Acontece, porém, que frequentemente você nega sua natureza animal. Com medo dos impulsos, você os reprime até certo ponto. Mas se presencia sua manifestação em alguém, brota em você um furioso sentimento de vingança. Você chama isso de fazer justiça, mas não é. Trata-se de projeção, a insuportável sensação de ver alguém manifestar algo que você reprimiu em si mesmo.

Paulo Gaudencio costumava repetir, com boa dose de ironia, que nada irrita mais um santo do que um pecador feliz.[20]

Pense sobre o santo irritadiço, até vingativo, que habita dentro de você.

Exemplo frequente do mecanismo de projeção é o de maridos que arbitrariamente acusam a esposa de infidelidade quando são eles próprios que mantêm ou desejam manter relacionamentos extraconjugais. Esses maridos são, sobretudo, aquelas pessoas moralistas, donas da verdade, sempre hábeis em apontar falhas e pecados em todo mundo e, lógico, nas próprias esposas. O mais surpreendente é eles *acreditarem* de fato na acusação arbitrária que fazem – dado ser a projeção um mecanismo inconsciente.

A acusação de infidelidade, no caso, funciona como uma justificativa inconsciente tanto para a agressividade com que tratam a esposa – consideram justa a agressão – quanto para a infidelidade que eles próprios praticam ou gostariam de praticar. Já se disse com muita propriedade que todo moralista é, no fundo, um vigarista. (Uma restrição, entretanto, faz-se necessária: não há projeção quando certos maridos, ao acusarem suas esposas de infidelidade, o fazem de forma consciente, deliberada. Há evidente má-fé, no caso. A intenção é tirar daí alguma vantagem, talvez financeira, em eventual separação do casal.)

É frequente a projeção verticalizar-se no âmbito familiar, com graves consequências. Tomemos como exemplo um pai que rejeita um dos filhos porque este reproduz algo que ele reprime em si mesmo. Não há inteira rejeição, pois ao mesmo tempo o pai dedica amor sincero e profundo ao filho. Mas, inseguro, sistematicamente o critica e o invalida em suas iniciativas. O filho, para não perder a afeição do objeto primário de amor, reprime impulsos que na verdade costumam ser saudáveis. Anula parte da própria personalidade, reduz a autoestima e cresce infeliz. A capacidade de autorrealização diminui sensivelmente. Em casos mais sérios, o mecanismo de projeção vindo de cima causa uma anulação completa do filho.

Autoproteções - I

Conflitos internos geram angústia e, para dizer o mínimo, isso é desconfortável. Para fugir deles, então, você muito provavelmente recorre a um ou mais dos chamados mecanismos de proteção do ego. Eles são inconscientes e não resolvem a angústia, mas têm uma vantagem: aliviam o sofrimento interior que ela causa. Com o amadurecimento que a idade costuma trazer, você poderá talvez dispensar aos poucos algumas dessas muletas.

Os mecanismos de proteção do ego às vezes mantêm entre si certo parentesco, semelhança ou interatividade. Isso ocorre com os de repressão e racionalização, por exemplo.

Alguns psicólogos chegam a elencar trinta deles, outros falam em quinze, todos numa relação quase repetitiva. A maioria os reduz a menos de dez.

A projeção, você acaba de conhecer. Ganhou um capítulo inteiro. Veja a seguir outros exemplos, numa relação feita, convenhamos, com certo subjetivismo.

Em sentido inverso ao da projeção, há o mecanismo de *introjeção*. Consiste em transportar para dentro de si, inconscientemente, convicções e pontos de vista alheios. Mas você vive convicto de serem originariamente seus.

Certo dia, um garoto contou a seus pais a decisão que *ele* havia tomado de, quando crescer, estudar advocacia. Os pais ficaram felizes ao ouvir tal declaração. Era a profissão deles e havia muito tempo que insistiam para que o filho seguisse a mesma carreira. Viviam repetindo ao garoto que nunca lhe faltaria trabalho se fosse advogado. Pois o tio arquiteto não ficou desempregado por dois anos? E o caso do vizinho empresário cuja loja de perfumes nunca deu lucro? O que não dizer, então, do primo distante que se aventurou na criação de gado e perdeu todas as economias? Inconscientemente, o garoto se deixou levar pelo medo sugerido e introjetou o desejo dos pais como se fosse seu. Convenceu-se de amar a advocacia. Sendo a introjeção um mecanismo de defesa, aquele garoto, ao seguir a vontade dos pais, se defendia de quê? Do medo do desemprego, que era o grande medo *deles*. O desejo autêntico do garoto caminhava em outra direção. Só o resgatou bem mais tarde: a música.

A introjeção, em si, não é negativa nem positiva. Se você, na infância, introjetou os elevados padrões morais paternos, ótimo. Isso não vai gerar ansiedade se, sobretudo na rebeldia própria da adolescência, você os questionou e acabou assumindo por decisão própria.

Negação, outro mecanismo de defesa do ego, talvez seja o mais elementar deles. Você não consegue superar uma situação intolerável e então nega que ela exista. Simples, não? É o que faz um alcoólico, por exemplo. Quando afirma que bebe apenas socialmente, ele nega ter um vício, não se assume como dependente. Muitos drogados também afirmam não serem dependentes porque, mais fortes que a droga, a largarão a qualquer momento.

Em casos de extrema dor pela perda de um ente querido, uma pessoa pode até negar que a morte tenha acontecido. Chegará a manter intocado um ambiente como se a pessoa ainda estivesse ali. Nesse caso, com a vivência do luto, a negação tende a desaparecer e a dor da saudade chega a um patamar suportável.

O mecanismo de negação frequentemente vem acompanhado de sintomas psicossomáticos. Não é raro surgirem taquicardia, suor, diarreia, vômitos ou vontade premente de urinar, entre outros.

A negação costuma vir seguida de *racionalização*. Ao negar uma realidade incômoda, você busca uma justificativa para se convencer de que está no caminho certo – e passa a acreditar piamente na justificativa.

Tente se lembrar de uma relação afetiva que terminou mal ou de um negócio em que deu com os burros n'água. Fatos são fatos. Eles têm causa e ela não muda ao sabor da vontade! Mas quando a causa real o incomoda demais, você a esquece e providencia outra. Esta passa a ser para você a única verdade. Isso é racionalizar. Inconscientemente, você forja uma mentira para si mesmo e assim ameniza a própria ansiedade.

> Quando você utilizou como desculpa falsos argumentos?

Racionalizar, segundo Karen Horney,[21] é transformar ansiedade em medo racional. Se você tem pavor de viajar de avião, não adianta lhe dizerem que, estatisticamente, esse é o mais seguro meio de transporte. Você desqualificará o argumento e se justificará citando grandes tragédias da aviação. Ou se você se sente inibido em ambientes sociais e eles não lhe dão prazer, vai justificar suas ausências alegando não gostar de festas por serem entediantes.

Racionalizar é muito comum. Certa jovem comportava-se como a dona da verdade a respeito de tudo e de todos. Era incapaz de dialogar e não suportava receber críticas. Por alguma razão, resolveu fazer psicoterapia de grupo. Certo dia, um colega tentou questionar a inflexibilidade de suas convicções. Ela não aceitou o questionamento, ficou furiosa e não retornou mais às sessões. Mas depois alegava outro motivo para a saída intempestiva. Sua explicação: dizia ter sido a única a se expor em público e que estava cansada de "carregar o grupo nas costas". Isso é racionalização: inconscientemente arrumar um argumento falso para fugir a uma situação angustiante e acreditar nele.

Outro mecanismo de proteção do ego empregado com frequência é o da *repressão* ou *recalque*.

Reprimir está na base do processo de educação da sociedade. A criança acaba reprimindo impulsos que os adultos a ensinam a condenar. Desse modo, você foi preparado para agir, na vida adulta, dentro de limites compatíveis com o saudável convívio social. Caso contrário, seus impulsos ficariam fora de controle analítico e teriam caráter destrutivo.

Mas se houve exagero na repressão dos impulsos, ela mais o prejudicará do que lhe trará benefícios. O fato essencial é que, quando você reprime um impulso, seja qual for, você o coloca fora da consciência.

Repressão é diferente de controle. Se alguém o prejudica no trabalho, você pode querer agredi-lo, mas se controla porque lhe convém. Há muitos funcionários que gostariam de dar uma surra no chefe, mas contêm a raiva porque sabem das consequências negativas de tal atitude. Entretanto, se um funcionário é claramente prejudicado por um chefe ou colega e não sente raiva, isso é repressão. Pode até se tornar um admirador do chefe que o persegue. Isso significa que você eliminou da consciência o fato de ter sentido um impulso da agressividade.

Reprimido o impulso, você passa a cultivar a próprio respeito uma imagem idealizada de pessoa bondosa e compreensiva. Isso o gratifica, mas é ganho ilusório. A repressão é danosa. A agressividade reprimida se volta contra você e o torna perdedor.

Se você teve uma educação muito rígida, se sofreu humilhações na infância ou se foi invalidado com regularidade, é provável que tenha aprendido a reprimir a agressividade e hoje mal sabe se defender.

O mesmo se pode dizer quanto aos impulsos da sexualidade: quando reprimidos, deixam de ser percebidos conscientemente. A inibição, que já vimos também, é o filho dileto da repressão dos impulsos, sejam eles dessa ou daquela natureza.

Já se você busca sucesso em uma atividade com o objetivo de superar frustração por deficiência em outra, está usando o mecanismo de compensação do ego chamado *compensação*.

A compensação é saudável quando empregada de modo consciente. Suponha-se que há de sua parte uma grande dificuldade no aprendizado de ciências exatas. Cálculos e fórmulas matemáticas lhe causam verdadeiro suplício. Você compensa a deficiência estudando mais. Só assim conseguirá acompanhar os colegas de classe.

> Quando você agrediu pessoas com seu jeito arrogante?

A compensação será neurótica se você, aluno com dificuldade em exatas, em vez de se esforçar para superá-la estudando mais, simplesmente fugir para a prática de esportes ou outra atividade em que consegue se destacar.

Um dos recursos cruéis da sociedade de consumo é a propaganda, que leva pessoas a adquirirem bens supérfluos para compensar sugeridos sentimentos de inferioridade. A compensação, por ser inconsciente, se tornará compulsiva.

Regressão como mecanismo de defesa do ego, diga-se de imediato, não tem relação com a tão popular regressão a vidas passadas. O significado e a dinâmica são outros.

Na vida, você adquire maior maturidade aos poucos. Também no plano emocional pode-se aplicar o ditado latino segundo o qual "a natureza não pula etapas".[22] Isso quer dizer que você não chegará à maturidade plena se tiver fugido aos conflitos de contestação próprios da adolescência, como já vimos.

Se você enfrentar uma situação de estresse intenso e não tiver forte resiliência, é possível que regrida a uma etapa emocional anterior àquela em que se encontra. Ali se sentirá mais seguro. Quanto menor a maturidade, tanto maior a possibilidade de regressão. Exemplo banal é o da criança que volta a engatinhar ou a usar fralda quando se defronta com a chegada de um irmãozinho. Criança a gente entende: imatura, ela não suporta o estresse causado pela nova situação e regride. Mas adultos imaturos também regridem ao se defrontarem com a dura realidade da sobrevivência. Uns voltam a viver na casa dos pais. Outros abandonam as agruras do mercado de trabalho e regridem ao que chamam de "investir nos estudos" – obviamente à custa dos pais.

Autoproteções - II

Externalização acontece quando você trata como fato externo falhas e defeitos que possui. Julga que se passa fora o que, na verdade, faz parte de sua vida interior. A externalização não se restringe a fatores negativos: você joga para fora de si mesmo também sentimentos positivos.

Você, por exemplo, obteve sucesso numa iniciativa ou superou uma dificuldade. Reconhece o próprio mérito? Não! Atribui à sorte ou a outro fator a razão de ter sido bem-sucedido. Nesse caso, não se trata de modéstia de sua parte, por mais que assim pareça. O que disparou o mecanismo neurótico de proteção do ego pela externalização foi a ansiedade. Você gravou dentro de si a mensagem-bruxa de não merecer o sucesso obtido. Num misto de tristeza e alívio mal percebidos, conclui daí que, num próximo desafio, não terá sorte novamente. Desacredita da própria competência.

Você pode, ainda, não sentir como sendo seus também os sentimentos de raiva e desencanto com a vida. Sua baixa autoestima o leva a se detestar. No entanto, só vê a raiva como sentimento vivido pelos outros – e não necessariamente voltado contra você. Ou, em outra situação, externaliza a alegria e o bom humor atribuindo-os ao amanhecer ensolarado, enquanto nega fatores positivos internos.

O prejuízo emocional da externalização está no fato de você, ao transferir a outrem sua vivência emocional, cria uma espécie de subordinação. O outro passa a ser a referência de fatos emocionais seus. Aí você adquire o hábito de se intrometer na vida alheia tentando corrigir nos amigos e nos familiares as próprias falhas. Ou, em sentido inverso, você vive a sensação falsa de que os outros o hostilizam. Tem certeza disso e passa a disparar agressões aleatoriamente. Gente rancorosa e de mal com a vida geralmente está externalizando o autodesprezo. A externalização do autodesprezo preserva intato o eu idealizado.

É interessante observar que a externalização pode se dar também no deslocamento de emoções para o próprio corpo. Vira um passeio interno. O vazio emocional se desloca para a sensação de vazio no estômago: a compensação do vazio emocional vai se dar na compulsão por alimentos ou guloseimas.

Você emprega outro mecanismo de defesa, o *deslocamento*, se a manifestação de um impulso em relação a um determinado alvo se reverter em ameaça. Você desloca o impulso para um alvo que não representa perigo. Um exemplo prático e bastante corriqueiro deixa isso mais claro, como sempre. Vamos imaginar que você suporta calado invalidações e ofensas que recebe no local de trabalho. Seus colegas não o respeitam, seu patrão o humilha em público. Isso gera raiva, mas você a suporta calado, sem reagir. Por medo de perder o emprego, engole sapo o dia todo.

> Quando deslocou sua raiva para pessoas que não a mereciam?

Ao chegar a casa, provavelmente deslocará[23] para a mulher, os filhos ou o cachorro a raiva acumulada. O chamado amor garantido, aquele que sempre perdoa ou no mínimo se cala, pagará o pato pela sua fraqueza.

Nesse exemplo, você não tem a menor consciência da relação de causa e efeito entre a humilhação no trabalho e a hostilidade dentro de casa. Como no inconsciente não há flexibilidade, você também não muda o comportamento. Deslocando para a família o autodesprezo vindo do sentimento da própria insignificância, continuará repetindo as agressões. Há até a possibilidade de elas aumentarem gradativamente.

Também os sentimentos positivos podem ser deslocados para terceira pessoa. Ao se apaixonar, por exemplo, você desloca para alguém o afeto que tem pelos pais. Isso, por si, não é bom nem mau. Será mau se a falta de autoestima impedir que se faça uma avaliação correta da situação. É o que ocorre com aqueles que, em estado de carência afetiva, não têm discernimento na avaliação do caráter das pessoas e premiam todas elas com um indiscriminado e danoso acolhimento.

Por vezes, há deslocamento parcial de afeto para uma terceira pessoa, como quando alguém não está plenamente satisfeito com o companheiro ou companheira. O deslocamento parcial pode não destruir a relação inicial, mas não contribui para a solução de conflitos. A falta de diálogo entre as partes leva a uma acomodação.

Pode ocorrer, ainda, que você desloque dos outros para si mesmo as críticas que recebe. Vai transformá-las em autorrecriminações. Com isso, você se defende da ansiedade que lhe causaria fazer questionamentos e ter postura agressiva em relação a quem o recrimina.

Formação reativa é outro recurso neurótico mas eficaz que você talvez use para fugir a uma situação angustiante. Inconscientemente, você assume atitude oposta à situação que o aflige. Seu comportamento – aquele percebido por quem o rodeia – expressa exatamente o contrário de seu verdadeiro sentimento interior.

Comportamentos excessivos costumam trair a presença de formação reativa. Aliás, todo exagero por si já é significativo de que algo não vai bem. Basta um olhar atento para perceber isso e exemplos não faltam. Em caso de exagerada modéstia, você estaria camuflando o impulso de lesar todo mundo. Exagerada defesa da masculinidade pode esconder orientação homossexual não assumida. Valentia demais pode mascarar algum grande medo oculto, não consciente. Adulação excessiva pode camuflar ódio e ressentimentos, também não conscientes. Ou, ainda, exagerada bondade poderia significar a sufocação de impulsos de crueldade.

Muitas vezes cita-se como exemplo de formação reativa o cuidado exagerado de uma mãe ou um pai em relação ao filho. Com a superproteção, estariam reprimindo uma oculta hostilidade contra a criança. O pior, nesse caso, é que a superproteção acaba produzindo exatamente o contrário da intenção manifesta: ela destrói a capacidade do filho de se defender adequadamente dos perigos da vida. Tal atitude dos pais poderia também ser considerada sob a ótica do sentimento de culpa.

Fantasia é a tentativa de resolução de conflitos internos pela satisfação imaginária dos impulsos.

Se você recorre a devaneios de modo consciente e moderado, a fantasia não o prejudica. Você pode se imaginar sendo aplaudido por algum gesto de grande coragem ou por um trabalho que julgou brilhante. É como se sonhasse acordado. Mas sua vida não depende desses devaneios. Se a fantasia não se impõe à realidade nem foge à consciência, ela se dissipa paulatinamente. Quanto mais se adquire maturidade, tanto menos se recorre à fantasia.

> O que sublimou em si mesmo para se adaptar ao ambiente?

Dano emocional haveria no caso de você depender da fantasia para manter o autorrespeito e a autoestima. Nesse caso, terá como fato concreto o que não passa de ilusão. A fuga emocional da realidade leva a ações baseadas em premissas falsas, que redundam em fracassos. Mantida por longo tempo, a fantasia afasta você da realidade e será cada vez mais difícil e doloroso abandoná-la.

Pela *sublimação*, você protege o ego direcionando um impulso potencialmente destrutivo para uma ação louvável e socialmente aceita.

Suponhamos que você resolveu ser lutador de boxe, um esporte muito agressivo aceito pela sociedade. Aconteceu o quê? Você não abriu mão da agressividade. Você deu a ela um novo sentido de realização, sem reprimi-la. Pensando melhor: toda competitividade inerente aos esportes é uma forma de sublimação da agressividade.

Conta-se que Pelé, estando próximo ao alambrado em certo momento do jogo, foi xingado por torcedores adversários. Brigou com eles, entrou num bate-boca interminável? Não. Apenas teria feito com a mão um sinal como se dissesse "Esperem para ver". No decorrer do jogo, fez dois gols, calou os torcedores e ainda saiu de campo aplaudido. Isso é sublimação.

A carreira profissional que você escolheu pode ser resultado de sublimação. Escolheu ser médico-cirurgião? Pois bem, aí você vai descarregar a agressividade de modo louvável, como ao amputar os pés de um diabético para lhe salvar a vida.

Você pode também sublimar impulsos da sexualidade que não se coadunam com padrões morais seus e da sociedade. Há muita gente que constrói um casamento sólido e feliz apesar da educação rígida e moralista que recebeu. A razão disso está na sublimação, que permite a liberação do impulso sexual dentro de um contexto aprovado pela sociedade.

Freud foi quem criou o conceito de sublimação. Como não poderia deixar de ser, o empregou dentro de sua teoria da sexualidade. Atividades artísticas, culturais ou intelectuais poderiam, assim, ser impulsos da sexualidade sublimados. Freud diria, no caso da sublimação, que o ego satisfaz o id sem contrariar o superego.

O termo sublimação tem o sentido de elevação a algo nobre, grandioso. Em ciências, a propósito, sublimação é a passagem direta do estado sólido ao gasoso, ou vice-versa. Dois exemplos mais à mão são o do gelo-seco e o da naftalina, esta muito comum nos guarda-roupas de nossos avós para espantar insetos. Para C. G. Jung, significa "a habilidade do alquimista em transformar o ignóbil em nobre, a inutilidade em coisa útil e de induzir o inaproveitável a se tornar aproveitável".[24]

A sublimação é o único mecanismo de defesa produtivo de fato: elimina tensão e sofrimento interiores e beneficia o indiví-

Imutabilidades

Alguns fatores componentes de sua personalidade atual não existem como resultado de vivências em seu ambiente familiar, sobretudo na infância. Tampouco dependeram de escolhas que você tenha feito ao longo dos anos. São fatores inatos e imutáveis – embora o uso que você faz deles dependa, sim, de seus critérios de escolha e de sua formação.

O temperamento faz parte do grupo das características imutáveis. Você nasce com temperamento já definido: colérico ou não colérico. Um e outro são inatos e não se alteram durante a vida.

Se você tem temperamento colérico, reage rápida e intensamente a todo estímulo. Quando algo lhe agrada – seja uma obra de arte, um convite para encontro de amigos ou um filme premiado pela crítica –, você se encanta imediatamente. Se, ao contrário, algo lhe desagrada, alguém o agride ou seu carro enguiça no meio do trânsito, sua reação interior de raiva será imediata e intensa.

Se você for do tipo não colérico, também se sentirá ofendido diante de uma agressão ou outros contratempos, mas não reagirá com igual intensidade ou rapidez.

Como vê, é fácil diferenciar um do outro a partir dessas duas características – mas fácil só em tese. O que acontece no interior das pessoas não é visível. Se você se deixar levar apenas pelas aparências, poderá cometer enganos na identificação do temperamento delas.

Vamos imaginar um lorde inglês do tipo colérico. Por formação, é atencioso e tem gestos contidos. Diante de atos de hostilidade, de palavras ofensivas ou de outras contrariedades, poderá permanecer quase impassível. Não reagirá de modo intempestivo em nenhum momento e manterá pleno controle emocional. Por dentro, porém, o lorde colérico estará fervendo de raiva e provavelmente elaborando em silêncio a réplica que dará em momento oportuno.

> Você reage de maneira serena ou não diante de situações adversas?

Semelhante a ele na reação inicial é o colérico reprimido, que à primeira vista poderá se assemelhar a um não colérico. Imagine-se alguém que, anulado na infância, tornou-se um adulto submisso, incapaz de levantar a voz para exigir os direitos que tem. Seu modo passivo que o leva a não reagir a agressões dará a enganosa impressão de não ser um indivíduo colérico. Mas ele é! Como, porém, recalcou a agressividade, nem mesmo a sente, e se comporta como o lorde inglês – mas não são iguais. O lorde *controlou* o próprio impulso; o submisso o *reprimiu*.

Ao contrário de ambos, já não será necessariamente colérico um indivíduo que reage às contrariedades com gestos ofensivos e imprecações. Você precisa ficar mais atento ao comportamento dele em geral para perceber que se trata apenas de um não colérico mal-educado.

Sobretudo entenda que não há temperamento melhor ou pior, nem faça avaliações *a priori*. É equivocada a tendência de pensar em termos de superioridade ou inferioridade ao fazer comparação entre o colérico e o não colérico.

A forma exterior como você reage aos fatos depende então da educação recebida e dos valores introjetados. Suponha agora que sua família cultivou a solidariedade como valor essencial. Por força do exemplo dado, a solidariedade assumiu grande importância na formação de seu caráter, na infância. Mais tarde, toda vez que alguém precisar de sua colaboração, você reagirá rápida e fortemente, se for um colérico. Se, no entanto, a solidariedade não foi tão significativa na sua formação, sua reação, mesmo sendo colérico, não será tão rápida e forte diante da mesma situação.

Igualmente inatas e imutáveis ao longo da vida são as características de introversão e extroversão.

O primeiro equívoco, neste caso, consiste em atribuir aos dois termos significados incorretos. Pelo senso comum, introvertido seria o indivíduo de poucas palavras, um tanto sisudo, talvez um dedicado jogador de xadrez. Ao contrário dele, o extrovertido se pautaria pelo jeito espalhafatoso de ser, com fartura de gestos largos, falas em voz alta e muita impaciência. Logo vem à mente: japonês *versus* italiano. Errado!

A conceituação correta é bem diferente e não se define pelas aparências.

Introvertido é quem espontaneamente dá maior atenção aos fatos interiores, às emoções. Tende a se defender das solicitações externas e prefere voltar-se para dentro de si mesmo. Ali encontra o apoio necessário ao próprio bem-estar e seu mundo faz sentido. Extrovertido, ao contrário, é aquele em cujo mundo emocional se sobrepõe o caráter reativo aos fatos externos. Todo o seu ser caminha em direção ao objeto, mobilizado por ele de maneira indiscriminada. Ao mesmo tempo que o extrovertido tende a ser vitorioso pelo senso prático que possui na relação com o objeto, a pouca percepção de si e do próprio corpo pode lhe ser danosa. Pode chegar ao esgotamento físico por não se perceber como deveria.

Suponha que você é um mecânico de automóveis. Conversa pouco, o suficiente para levantar informações. Prefere trabalhar em silêncio, concentrado no que faz. Seria você um introvertido, o "japonês" sisudo do senso comum? Não necessariamente! O que mais mobiliza sua atenção e interesse são fatos e coisas exteriores: um parafuso solto aqui, um amassado ali ou a bateria que precisa trocar. Apesar das aparências e na contramão do senso comum, você é um extrovertido.

Como no caso de colérico e não colérico, também aqui não há um tipo melhor ou pior, superior ou inferior. Mas, como observa C. G. Jung, frequentemente se comparam as piores características do introvertido com as melhores do extrovertido – o que redunda, naturalmente, numa observação injusta e incorreta.

Por fim, você precisa ter em conta também que não é apenas introvertido ou apenas extrovertido. Você é ambos. O que o definiria como extrovertido, se for o caso, seria unicamente o predomínio da extroversão, não sua exclusividade. Em outros momentos e circunstâncias, agirá como introvertido.

Sobre características imutáveis ou inatas individuais, você encontrará também no Eneagrama[25] uma valiosa e abrangente fonte de informações sobre a formação da personalidade. Vale a pena conhecê-lo – ou melhor, aprofundar por meio dele seu autoconhecimento. O Eneagrama classifica as personalidades individuais em nove tipos. Sua riqueza está não somente na precisa descrição dos tipos, mas sobretudo das inter-relações que estabelece entre eles. Há expressivas variações, pela sutileza dos significados, nas traduções dos nove tipos – que seriam, segundo uma delas: idealista, dedicado, prático, afetuoso, analítico, eficiente, confiante, protetor e diplomata. A cada tipo correspondem respectivamente um pecado e um dom: ira e serenidade; orgulho e humildade; engano e veracidade; inveja e equanimidade; avareza e desapego; medo e coragem; gula e temperança; luxúria e inocência; preguiça e ação certa (ou amor).

> O que você considera serem suas melhores qualidades?

Em que pese o fato de muitas das características individuais vistas acima serem imutáveis, em nenhum caso você pode imaginar-se em termos de fatalismo de tragédia grega. As Parcas não tecem o fio de sua existência e de seu destino de modo incontornável. A vida é cheia de momentos únicos. Em cada um, prevalece a obrigação de tomar as próprias decisões. Sempre vai lhe restar expressiva parcela de responsabilidade nas escolhas que faz e nas atitudes que toma.

Não dá para você se eximir das próprias obrigações e jogar toda responsabilidade pelos fracassos nas costas do temperamento ou de outros fatores – muito menos nas costas dos pais, como frequentemente se vê. A propósito, J. K. Rowling, a criadora da saga Harry Potter, disse em discurso aos jovens formandos da Universidade Harvard, em 2008: "Há um prazo de validade para o ato de culpar os pais por desviarem você de sua vocação". Adolescentes de qualquer idade – há aqueles que seguem assim para além dos cinquenta anos – continuam sentindo-se vítimas das circunstâncias e não mudam. Não querem mudar.

As Parcas não se intrometem tanto na vida de coléricos e não coléricos, introvertidos e extrovertidos – e muito menos ainda souberam o que era Eneagrama.

Medos

Não se sinta covarde por sentir medo. Todos sentem medo. Ele é bom, útil, protege você – desde que não seja um medo despropositado. Excesso nenhum faz bem.

O homem atravessou centenas de milhares de anos e sobreviveu até os dias de hoje graças ao medo. Mesmo antes de começar a pensar, já sentia medo. O cérebro menor de nossos ancestrais tinha no centro as amígdalas, dois caroços em forma de amêndoa (*amygdala*, em latim). Elas são os centros do medo, que reagem quando estimulados por alguma ameaça. Graças ao medo, o homem primitivo percebeu a presença do perigo, armou-se de algum modo e pôde se defender. Sobreviveu. O cérebro que você tem hoje, mais evoluído e inteligente, é o mesmo dos ancestrais, só que mais crescido. Ele se expandiu em torno das amígdalas e do medo – e este não foi embora.

O medo atua também, na expressão de Anna R. Nabergoi, "como regulador da inteligência, como, por exemplo, na melhor escolha para evitar fracasso, parcial ou total, dos esforços para se atingirem objetivos". De fato, deixando de reprimir a própria agressividade, você espontaneamente assume o medo e torna-se ágil em tomar boas decisões ou defender seu ponto de vista. O mesmo não ocorre quando a capacidade de pensar fica parcial ou inteiramente embotada pelo medo desproporcional e pela repressão da agressividade.

O medo é uma das quatro emoções primárias, junto com a tristeza, a raiva e a alegria. Na mitologia grega, o deus Fobos (o medo) tinha um irmão gêmeo, Deimos (o pânico), e uma irmã, a Harmonia. Os três eram filhos de Afrodite e Ares. Por ser filho da deusa do amor, Fobos era também o medo da perda. A mitologia grega dá ensejo a interessantes analogias no campo da psicologia, porque ela se fundamenta no inconsciente coletivo. Vale a pena visitá-la de vez em quando, para descobrir outras analogias com a nossa realidade interior. Mas isso é outra história.

Sendo emoção, o medo pode resultar em manifestações psicossomáticas. A Medicina Tradicional Chinesa dá um bom exemplo disso. Nela, o medo está ligado ao rim, o *Shen*, entendido como órgão energético. Caso o *Shen* seja agredido por medo continuado ou incontrolável, o desequilíbrio energético atinge toda a chamada Via das Águas. Na ausência de outro fator ligado à saúde e que requer cuidadoso exame médico, uma criança que vive amedrontada pode desenvolver enurese noturna. Ela não tem consciência de ter medo, mas por causa dele vai fazer xixi na cama por tempo mais longo que o normal – chegando até a vida adulta, em casos raros. Certa mãe, tendo ouvido falar dessa relação do medo com o descontrole da Via das Águas, foi perguntar ao filho jovem se ele sentia algum medo. A resposta a deixou simplesmente abismada: "Mãe, eu sinto medo o tempo todo".

Quando você se vê diante de alguma ameaça ou um grande desafio, seu organismo todo entra em estado de alerta. Você está com medo. Começa a sentir taquicardia, os vasos sanguíneos se dilatam, aumentam os glóbulos vermelhos e as plaquetas, há liberação de glicose e insulina. Tudo isso tem a nobre missão de preparar seu corpo para a luta – ou para a fuga, se for a solução mais adequada ao caso.

> Quando o medo foi tão grande que paralisou suas energias?

O medo pode ser seu maior amigo ou maior inimigo. Isso depende do bom ou mau uso que você faça dele. Sem a presença do medo para o proteger, você seria destruído – o que também aconteceria no caso de excesso dele.

O medo se instala dentro de cada um de nós já no trabalho de parto. Ao nascer, você se viu diante de um mundo que lhe pareceu hostil, apesar da imensa alegria com que o este o recebeu. Essa primeira vivência inconsciente de medo é a base da insegurança que você sente diante de situação nova ou desafiadora. A insegurança será, por sua vez, a base do processo de ansiedade que você viverá de modo continuado.

Nas diversas fases da vida, o medo se manifesta de muitas formas e elas não são sempre conscientes. Sua presença pode ser sutil e frequentemente está ligada a sensações de exclusão, de não pertencimento, de não estar plenamente integrado ao grupo familiar ou social.

Diante de situações objetivas que lhe provocam medo, você pode reagir conscientemente de quatro maneiras. Isso vai depender sobretudo de como você aprendeu a lidar com a própria agressividade – o que vai defini-lo, também. Se suas forças são superiores àquilo que lhe desperta medo e você enfrenta o perigo, pode se orgulhar de ser corajoso. Se nas mesmas condições de superioridade física ou moral você escolhe fugir para não enfrentar o que o amedronta, você nada mais é do que covarde. Agora, se suas forças são claramente inferiores àquilo que desperta medo e você foge, você é prudente. Sabe que vai perder a luta, por que insistiria nela? Por que daria murros em ponta de faca? Não há covardia nessa fuga. Entretanto, se, mesmo sabendo de sua condição de inferioridade, você enfrenta o perigo por teimosia ou para provar alguma pretensa superioridade, você é irresponsável. Diante de qualquer ameaça, a pessoa imatura age ou com covardia ou com irresponsabilidade. Em ambos os casos ela se dá mal, não importa que justificativas dê mais tarde para preservar o eu idealizado. A pessoa madura, ao contrário, age com coragem ou com prudência. Não se recrimina nem se diminui por fugir se suas forças não bastam para vencer a luta. Vence porque corre riscos calculados.

Nem todo medo, entretanto, se explica desse modo objetivo e até didático.

Você pode controlar ou eliminar alguns medos mediante instrução ou treinamento. Um deles, bastante comum, é o medo de dirigir automóvel, que costuma desaparecer com aulas num centro de formação de condutores. Mas muita gente continua incapaz de pegar a direção. Então, há outros fatores emocionais envolvidos. Também por falta de treinamento ou experiência, você pode ter medo de falar em público. Algumas aulas de oratória, acompanhadas de exercícios práticos, ajudam a resolver isso. Se, porém, você continua a entrar em pânico pela possibilidade de se colocar diante de uma plateia, o que sente é ansiedade. Também aqui há outros fatores emocionais envolvidos, que nada têm a ver com a plateia em si. Nos dois casos, só a análise em profundidade por um terapeuta eliminaria a causa. Resta você saber se vale a pena investir nisso.

Medo e ansiedade são reações adequadas ao perigo, mas não são sinônimos. A adequação segue caminhos diferentes e a diferença fica por conta da natureza do perigo. Se o perigo for manifesto e objetivo, provocará medo. Você pode escolher que atitude vai tomar: de coragem, de covardia, de prudência ou de irresponsabilidade.

Mas se o perigo for oculto e subjetivo – inconsciente, portanto –, você não terá nenhum poder de reação sobre ele. O medo tomará conta de você. E o que seria um perigo oculto e subjetivo? As fobias são um bom exemplo. Algumas chegam a parecer ridículas – o que de fato não são, como fenômeno psíquico. Se você tem pavor de andar em público, de ir à praia, de engolir agulhas ou de ouvir trovoadas, está diante de algo que não oferece perigo real – ao menos na medida que imagina. A lista de fobias, se quer saber, é interminável.

Há um tipo de medo que, com frequência, cria forte impedimento ao abandono de antigos hábitos neuróticos. É o medo de se expor ao ridículo. Comportar-se de maneira diferente da habitual chamaria a atenção dos outros sobre você. Ficar sob os holofotes do grupo social lhe dá medo de ser ridicularizado – e então você resiste em deixar a rotineira improdutividade. Se tem apego excessivo à rotina e não quer abandoná-la, é porque ela o protege. Toda mudança acarreta correr riscos, isso o amedronta.

Quando você entra em estado de ansiedade, de nada adianta alguém apresentar argumentos objetivos para livrá-lo do medo. Será pura perda de tempo, por exemplo, tentar convencê-lo de que tomar injeção num posto médico qualquer não é algo tão terrível assim. Se agulha o apavora, você não mudará uma vírgula no modo de pensar. É bem provável, inclusive, que use sofismas ou cite exemplos que justifiquem seu medo. Assim, também, se por ansiedade você se acha despreparado para um avanço profissional, não há *feedback* positivo que o demova da opinião negativa que você tem sobre si mesmo. Você mostrará com "sólidos" argumentos sua inadequação ao cargo que, aos olhos de seus superiores, tem plena competência de assumir.

Medo, portanto, é algo que você pode administrar e superar – desde que não haja ansiedade latente, ou seja, inconsciente. Sabendo da dimensão do perigo, você toma a decisão que lhe convém. Não vá ser covarde ou irresponsável. Se tem medo de entrar no mar porque as ondas o assustam, um pouco de insistência pode dar-lhe a segurança necessária e levá-lo a ter prazer em viajar ao litoral. Você saberá os limites da diversão e não entrará em zonas de perigo real. Do mesmo modo, se tem medo do escuro, um pouco de teimosia pode fazer com que o medo desapareça.

> O que, hoje, continua provocando medo em você e por quê?

Para não esquecer: o medo nascido de processos ansiosos foge ao controle da razão. Atua, inflexível, no inconsciente. Você fica sob o domínio da emoção.

Sentimento de culpa

Fracassos acontecem e é bem provável que você tenha experimentado algum, memorável, quando lutou por seus objetivos. As causas que determinam um fracasso são as mais variadas, mas com certa frequência ele é resultado de sentimento de culpa. Quando isso acontece, há uma agravante: você não aprende nada com o erro cometido. Você volta a repeti-lo até mais de uma vez. Naturalmente, para ficar em certa paz consigo mesmo, atribui a terceiros ou às circunstâncias o motivo dos fracassos. Para cada um, você fabrica um motivo diferente – e nunca culpa a si mesmo. Assim, você mantém uma ilusória *pax romana* interior.

O sentimento de culpa não surge do nada, na vida adulta. Ele tem história: instalou-se dentro de você quando você ainda era criança. Ele nasceu da ansiedade provocada pelo mundo hostil, que o castigava ou amedrontava. E por que o mundo – isto é, seus pais, genericamente falando – fazia isso? Ora, porque você praticava atos socialmente tidos como condenáveis, como roubar mangas do quintal vizinho, ficar com raiva do irmão, riscar a lataria de carro alheio ou se masturbar. Aí você cresceu numa espera contínua de recriminação ou castigo. Exageradamente falando, parece ter assumido a responsabilidade pelos erros do mundo.

Para você que alimenta sentimento de culpa, felicidade não é coisa bem-vinda. Chega a sentir alívio quando alguma desgraça lhe sucede. Não sabe por quê, mas sutilmente um peso lhe sai das costas. Pagou por alguma culpa e desconhece qual seja.

> Que erros repetitivos você tem cometido por sentimento de culpa?

Como nem tudo é desvantagem quando há sentimento de culpa, você nem sempre abre mão dele. Sente orgulho por se culpar antes que outra pessoa o faça e fica ofendido se alguém se antecipa em apontar erro seu. Acha-se isento de falhas. Para você, não há crítica construtiva vinda de fora, há apenas arrogância da parte de quem pretende ajudá-lo. Assim, defende com unhas e dentes a secreta intenção de nada mudar. Quando faz uma autorrecriminação, falta-lhe humildade. A autorrecriminação não é sincera. Você apenas finge se culpar – embora o fingimento seja inconsciente.

Com exagerado temor de ser censurado, você não discorda de ninguém, não alimenta desejos e ambições para não importunar e evita reuniões sociais onde possam invadir sua intimidade. Precisa se preservar para não ser desmascarado.

Emprega alguns recursos, de relativa eficiência, para se livrar do incômodo sentimento de culpa. A ignorância é um deles: se errou, é porque "não sabia". A indefensabilidade também: se errou, é porque "as circunstâncias o forçaram a errar".

Doença, então, serve como desculpa melhor ainda diante de situações complicadas. Como há estreita ligação entre mente e corpo, você chega a adoecer realmente.

É frequente o entendimento equivocado do que seja sentimento de culpa. Às vezes, ouvem-se frases como: "Matei um gato, na infância, e até hoje guardo muita culpa".

O real sentimento de culpa é inconsciente. Você não o reconhece, mas é ele que o leva a cometer fracassos. Aqui está o principal sintoma: o fracasso. Você falha em tarefas que domina, sofre inexplicados acidentes, prejudica-se em negócios, toma decisões inadequadas – e não entende por que repete seguidamente um mesmo erro.

Fracasso provocado por sentimento de culpa é autopunição.

Para você entender o sentimento de culpa como algo inconsciente, antes precisa entender o processo consciente: impulso *versus* norma.

O impulso vem do instinto, comum a todo animal. Não conhece limites: quer a própria satisfação e ponto final. O da agressividade, por exemplo, quer aniquilar, destruir, matar. O da sexualidade busca copular e não aceita barreiras. Também há impulsos banais, como o de ir à praia em dia de sol, cabular a aula de química ou comer bomba de chocolate. Algo prazeroso o atrai e você se sente impulsionado a ter sua posse.

Como uma espécie de freio ao impulso, você tem a razão. Isso o difere fundamentalmente dos animais. A razão cria normas que, conforme a situação, freiam ou minimizam a ação dos impulsos. A norma, quando consciente, chama-se apropriadamente consciência moral. É fruto da evolução social de costumes e valores.

Sendo consciente, a norma lhe possibilita fazer escolhas. Por exemplo: se você for diabético, a consciência moral lhe recomendará não comer a bomba de chocolate.

Criado um conflito entre norma e impulso, sobra para você a angústia de ter que decidir. A obrigação de tomar a decisão correta fica por sua conta.

Veja agora o que acontece quando você não tem consciência nem da norma nem do impulso. Aí é que entra a questão do sentimento de culpa.

Para você entender melhor o processo, vou contar antes o que aconteceu com Augusto (nome fictício). Profissão: empresário, dono de loja de sapatos. O mercado estava em alta, mas os negócios iam mal. Por mais que fizesse, não progredia. Tomava decisões equivocadas na hora agá, apesar de ser competente. Vivia frustrado, mas não relacionava a frustração com a sequência de insucessos que colhia. Para ele, cada insucesso era um caso isolado, não via conexão entre um e outro. Depois de muito relutar, seguiu o conselho de um providencial amigo: procurou um terapeuta para resolver o problema dos fracassos. Mas continuava acreditando que cada fracasso fosse caso isolado. A cada prejuízo relatado, jogava a responsabilidade sobre alguém ou alguma circunstância. Só depois de muito tempo admitiu que os fracassos tinham uma causa comum - e ela estava dentro dele!

> Qual acusação injusta lhe fizeram e qual foi a sua reação?

A hipótese levantada de que fracassava devido a sentimento de culpa se confirmou.

Augusto viera de uma família tradicional, de fortes princípios morais. Tinha um irmão dois anos mais novo. A família lhe havia ensinado e ele introjetou que só podia amar o irmão. Era inaceitável, para ele, a ideia de que pudesse também odiar o irmão que lhe roubou o trono de centro das atenções. Augusto *reprimiu* o ódio que sentia pelo caçula. Reprimido, o ódio caiu na vala do inconsciente. Mas não morreu. Em surdina, o ódio reprimido gerou sentimento de culpa – e *todo culpado merece punição*.

Agora, os dois já adultos, como o caçula não ia além de empregos medíocres, Augusto se punia com autossabotagens e não progredia. Por quê? Porque progredir humilharia o irmão, seria assumir o ódio por ele. Inconscientemente, Augusto continuava proibido de odiar.

A norma inconsciente dentro de você chama-se superego. Você reprimiu o impulso e *não o sente*. Ao mesmo tempo, obedece ao superego, cuja existência *desconhece*.

O resultado da batalha surda entre superego e impulso é o sentimento de culpa, que o leva a se punir por um crime que você não sabe qual é. A punição do crime vira autopunição. Augusto se punia colecionando fracassos sem saber por quê.

A diferença é notável: enquanto a consciência moral proíbe que você *faça* algo, o superego proíbe que você *sinta* o impulso.

A consciência moral tem flexibilidade. Objetivamente, você conhece valores e pode mudá-los ou adaptá-los. Se o semáforo acende no vermelho, você para o carro. Mas às duas horas da madrugada, em local ermo e perigoso, você pode decidir se quer ir em frente ou não. A consciência moral lhe permite escolher.

O superego, ao contrário dela, é rígido, inflexível, não tem jogo de cintura. Inconsciente, não permite negociação. Você não pode escolher entre rebeldia e obediência. Só lhe resta obedecer ao superego e pagar o pato com fracasso.

Há, porém, uma saída, não de todo satisfatória: você pode dar um drible no superego por meio do exercício de papéis aprovados socialmente. Vamos a dois exemplos. Se você teve a sexualidade reprimida por uma educação muito rígida, poderá ter plena realização sexual dentro do casamento. Nesse caso, religião e sociedade lhe dão aval para o drible no superego. Ou suponhamos que você reprimiu a agressividade. É o clássico bonzinho, que tudo faz para agradar os outros e nunca diz "não". No papel profissional, entretanto, você esquece a repressão. Dando um novo drible no superego, você se transforma: torna-se competitivo, sabe lutar, tem ambições – e todos o aplaudem. O sentimento de culpa desaparece nessas condições. Mas a agressividade como um todo continua represada: fora do ambiente profissional, o sentimento de culpa continuará dominando você.

Exigências neuróticas

Provavelmente você faz a respeito de si uma ideia muito simpática e bastante elogiosa. Para olhar as boas qualidades que tem, usa lente de aumento. Para olhar os defeitos, inverte a lente e ela diminui tudo. *A priori*, você se coloca num pedestal como um ser superior e teima em dizer que, se algo dá errado, a culpa não é sua. Ela está no mundo. Se lhe apresentarem evidência em contrário, você recusa sem pestanejar.

A recusa à lógica dos fatos faz com que suas exigências se tornem *irracionais*. Ou seja, fogem à razão. Você não aceita a realidade como ela é. Acontece que a vida diária é que dá o tom. Quer você queira ou não, a realidade se intromete em suas fantasias. Também para você surgem doenças, congestionamento atrasa compromissos, o barulho urbano incomoda ou chove torrencialmente quando vai à praia.

Você sente como injustiça não ser tratado com deferência. Os outros é que devem dispensar-lhe atenção especial e você, em contrapartida, ignora o que seja gratidão.

Exigências assim, neuróticas, diferem de pessoa para pessoa. Variam conforme o caráter de cada uma. Não estará você entre os que se julgam no direito de nunca receber crítica? Talvez você seja como os que exigem obediência cega dos que o cercam. Ou pode ser que se sinta no direito de enganar a todo mundo – e, naturalmente, nunca ser enganado. Talvez, quem sabe, você se julgue com direito a imunidades: ninguém deveria se ofender com seu jeito rude de tratar os outros. Ou será que você não faz parte da grande turma que teima em nunca se esforçar para obter algo?

Veja se você não transforma um desejo ou uma necessidade, mesmo sendo esta razoável, em exigência. Você, por exemplo, pode desejar muito que haja um voo em determinado horário – um desejo razoável. Mas não pode exigir da empresa aérea que atenda à sua pretensão. O neurótico, entretanto, age e sente exatamente assim. Ele vê toda frustração pessoal como uma injustiça cometida *contra ele* – e naturalmente só contra ele. Irrita-se, por exemplo, ao receber uma multa de trânsito – não porque errou, mas por achar injusto ter sido flagrado ao cometer a infração.

Um fato banal ilustra a irracionalidade da exigência neurótica. No começo da adolescência, certo garoto teve aulas de francês. No fim do ano letivo, a prova escrita consistiu em narrar com as próprias palavras a fábula "A cigarra e a formiga". Como o original de La Fontaine é poesia, ele decidiu fazer a prova em versos. Solitário na empreitada, demorou na prova mais que os colegas e conseguiu o intento. Havia, porém, uma palavra de cuja versão não conseguia se lembrar. Improvisou, digamos, *station* em vez de *saison*. Por causa do erro, o professor lhe tirou um ponto. Por muito tempo o aluno sentiu como injustiça não ter sido reconhecido o mérito da originalidade. Na sua opinião, o professor *deveria* desconsiderar o único erro em razão de sua originalidade e de seu esforço extra. Ou seja, ele se atribuiu um direito inexistente: transformou em exigência íntima o que não passava de desejo. Demorou a reconhecer que o professor simplesmente havia feito justiça.

> Você tem noção do quanto exige receber privilégios indevidos?

Talvez você chegue a não pagar impostos ou a taxa de condomínio simplesmente porque *não gosta*. Não diz isso, apenas se justifica com toscos arrazoados. Neuroticamente, alimenta a exigência interior de ser exceção. Acha-se no direito de fugir às leis naturais, psicológicas, físicas ou sociais. Em suma: resiste em cumprir normas e deveres em geral.

Você também não aceita ter de mudar de atitude para amadurecer. O simples fato de entender um conflito interior *deveria* ser suficiente para eliminá-lo.

O caráter irracional da exigência neurótica fica ainda mais claro quando ela é exagerada. Você se rebela, por exemplo, contra o fato de a vida ser frágil diante de doenças, acidentes e outros imprevistos. Exige ser invulnerável e inviolável – mas pode pagar caro por isso. Negando a possibilidade de perigo, age com imprudência: ingere doces sendo diabético, fuma tendo grave cardiopatia, não toma precauções nas relações sexuais. Ou, ao contrário, torna-se cuidadoso demais. Paradoxalmente, não o faz por duvidar da própria invulnerabilidade. Apenas evita colocá-la à prova.

Você exige ser o mais bem-dotado em tudo. Sente como injustiça, por exemplo, o fato de outros indivíduos, mesmo neuróticos, serem mais sedutores, terem mais sucesso nos negócios ou usufruírem melhor a vida. Rebela-se por não ter todas as virtudes de inteligência, simpatia ou coragem que os outros têm. A ridícula rebeldia se disfarça ora sob ressentida inveja, ora sob admiração ou imitação dos mais bem-dotados.

Além do fato de serem *irracionais*, as exigências neuróticas contêm ainda quatro outras características.

São *irreais*. O direito que você se atribui só existe na imaginação. A realidade importa menos. Você se acha então no direito de se mostrar ofendido se alguém declina de um convite seu. Não leva em conta as razões do convidado para se ausentar.

São *egocêntricas*. Você está voltado única e exclusivamente para os próprios problemas ou interesses. Como no caso anterior, não se preocupa com os outros e exige atendimento imediato. Se envia um e-mail, ofende-se com a menor demora na resposta. Não lhe interessa saber se o destinatário teria outras prioridades no momento.

Você tem, ainda, profunda convicção de que tudo, em seu pequeno mundo, deveria acontecer *sem esforço*. Quer falar novo idioma, mas não frequenta escola de línguas; quer companhia, mas não a procura; quer aumento de salário, mas nada faz por merecer e, pior, quer recebê-lo sem nem mesmo pedir.

Por fim, você associa quase sempre um *caráter vingativo* às exigências neuróticas. Caso se sinta prejudicado em algo, buscará dar o troco. A ofensa recebida nem precisará ser real, basta você ter sentido assim. A percepção subjetiva de haver sido ofendido gera em você a necessidade, mais que o desejo, de se vingar. Não sabe perdoar.

Quanto menos consciência você tiver de que faz exigências neuróticas, tanto mais tocará a vida de acordo com elas. Agirá como se não envelhecesse, não lhe ocorressem acidentes ou não precisasse estudar com afinco antes das provas. E ainda tomará como ofensa a simples menção aos exageros de suas exigências.

Pode ocorrer até que você tenha consciência de que exige privilégios, de que não gosta de certas atividades e de que não aceita ser contrariado pela realidade. Mas continuará não tendo consciência de que exige indevidamente *dos outros* o atendimento às suas pretensões.

Em alguns casos, exigências neuróticas não são conscientizadas ou percebidas nem por quem as faz, nem por quem as recebe. É o caso, por exemplo, do marido que, por apreciar o papel de protetor que assumiu ou por sentimento de culpa, nada recusa à esposa, que exige atenção em excesso.

> Você sente necessidade de se vingar quando alguém o prejudica?

Às vezes, você se dá conta de que faz exigências excessivas. Mas seu orgulho fala mais alto e você não cede. Racionaliza, utilizando argumentos que no seu entender justificam os excessos. Recorre até a motivos culturais: "Porque sou homem", "Porque sou mulher", "Porque sou mãe", "Porque sou patrão", "Porque sou político", etc. A justificativa se apoia sempre na sensação de superioridade.

Seu neurótico conceito de justiça dá à realidade uma interpretação bem particular. Você despreza o fato de que a virtude não recebe recompensa necessariamente. Sente-se injustiçado quando o bem que faz não é premiado. Já quanto aos outros, acha que são merecedores da desgraça que lhes sucede. Para você, se alguém continua desempregado, é porque não quer trabalhar.

Todo mundo tem uma capacidade incrível de suportar frustrações sem reagir hostilmente. Mas poderá ficar hostil se a frustração for injusta de fato ou interpretada como tal. Nesse caso, a hostilidade poderá tomar um desses três caminhos: ser reprimida, o que provocará sintomas psicossomáticos; manifestar-se livremente, com exagero da ofensa recebida ou convicção de ser justa uma vingança; ou levar o ofendido ao desespero e à autocomiseração.

Como suas exigências neuróticas são exacerbadas e irreais, você se atrapalha no contato com o mundo real. Elas podem provocar incertezas quanto aos seus verdadeiros direitos. Hesitação e timidez em fazer pedidos provêm desse irrealismo.

Por fim, elas também levam à inibição, com a consequente aversão ao esforço citada anteriormente. No seu entender, a simples intenção deveria bastar para você conseguir tudo. Isso pode levá-lo à crença na mágica força de vontade. Se o desejo não se realizou, não é porque desejou o impossível, mas porque, como vimos, você não teria desejado com suficiente intensidade. O pensamento mágico se baseia na ilusão de que querer é poder.

Significados

Se você imagina que a ligação consciente com a realidade por meio dos cinco sentidos é abrangente, completa, está redondamente enganado. Não é, nunca será. Cada pessoa tem uma percepção bastante diversa e parcial da realidade à sua frente.

Primeiro, porque os sentidos são limitados e falham na percepção do mundo. Seus olhos não possuem a acuidade dos de um falcão, nem sua audição consegue competir com a do cão doméstico – e mesmo esses têm limitações. A criação de instrumentos, é verdade, tornou possível expandir o alcance dos sentidos ou a potencialização da força humana. O homem vem fazendo isso desde a Revolução Cognitiva, há setenta mil anos. Mas essa expansão não consegue transpor todas as barreiras e o contato com a realidade continua sujeito a limitações.

Segundo, porque procede de você mesmo a imagem que tem das pessoas ao redor. Você não vê o outro, mas se vê no outro, mesmo que parcialmente. Ou, como diz C. G. Jung, "o homem ingênuo não percebe, ao nível da consciência, que seus parentes mais próximos, cuja influência sobre ele é direta, só em parte coincidem com a imagem que deles tem".[26] O conceito junguiano, aplicado aos parentes mais próximos, pode ser estendido às pessoas em geral. Sendo limitada a percepção que você tem de alguém, já pode concluir que a limitada percepção de uma terceira pessoa sobre esse alguém vai diferir da sua. Por exemplo: sua percepção da professora de inglês inevitavelmente não será a mesma do colega ao lado. Muito simples, não? Mas você tenderá sempre a achar que não há nada a acrescentar ou subtrair na sua avaliação.

Terceiro, porque, no dizer de Anna R. Nabergoi, o ser humano "envolveu-se de tal maneira em formas linguísticas, símbolos místicos ou ritos religiosos, que não pode ver nem conhecer nada a não ser pela interposição desses meios artificiais".[27] Tais meios estiveram presentes o tempo todo nos momentos de formação de sua personalidade. Agora, eles fazem a ponte entre você e a realidade.

> Você tem o costume de repassar informações sem analisar antes?

Se num primeiro momento você construiu a ponte, agora os fatos se invertem. A ponte constrói você: formas linguísticas, mitos, símbolos, ideias e significados, padrões estéticos e cânones diversos passam a ter vida própria e assumem o controle sobre você. Certo cânone estético, por exemplo, diz que se deve fazer tal ou qual enquadramento ao fotografar. Se não o fizer, o resultado será provavelmente sentido e repelido como antiestético. Introjetado sobretudo por profissionais da fotografia, pode tolher a criatividade dos menos talentosos. Outro exemplo: Mozart, apesar da genialidade musical, encontrou sérias dificuldades na vida por rejeitar os cânones de convivência das gentes da corte. Ele era "muito direto em sua conduta" e "detestava uma convivência com pessoas que o obrigava a utilizar perífrases, ou seja, a servir-se de subterfúgios".[28]

Também no comando estão os significados que você dá aos fatos da vida. Sem eles, você desaba diante de um acontecimento doloroso. O filme *O resgate do soldado Ryan*, de Steven Spielberg, gira em torno da necessidade imperiosa de manter no coração de uma mãe o significado de patriotismo. Um coração materno não suportaria a perda do terceiro filho em campos de batalha. Cairiam por terra todos os significados até então adotados por ela. O resgate tornou-se vital para manter acesa a chama do patriotismo.

Mesmo assim, talvez você ainda considere símbolos e significados como entidades etéreas, bonitas talvez, mas destituídas de força proativa.

Não são! A toda emoção, você atribui um significado, conscientemente ou não. Conforme o significado atribuído, você colherá resultado bom ou ruim. O significado que você teve a iniciativa de atribuir à emoção assume agora o comando e você se torna comandado por ele. Numa situação de sobrecarga de obrigações, por exemplo, sua reação mais saudável seria a de delegar ou se livrar de parte delas. Mas suponha-se que, por sentimento de culpa ou outra razão, você atribui à situação o significado de "Tenho que aguentar tudo isso". A submissão resignada à sobrecarga resolveu o problema? Não. O resultado do significado escolhido por você serão danos à coluna vertebral – embora a submissão não se refirisse a sobrecargas físicas. Também numa situação de opressão, o significado adotado por você poderá ser o de "Quero gritar e não consigo". Possivelmente surgirão afecções de garganta como resultado inconsciente do significado adotado.

Como pode notar, há estreita relação de causa e efeito entre atitude mental e saúde física – conceito, aliás, que é um dos fundamentos da milenar medicina chinesa.

Em geral, você acredita que são objetivas as decisões que toma em estado de vigília. Dormiu bem, a mente está atenta a tudo ao redor, não há como cometer erros, não é mesmo? No entanto, as decisões tomadas não foram mais que o cumprimento de ordens vindas do inconsciente. Lá é que se formularam os verdadeiros significados do caminho que você deve seguir. A essa altura, você já deve estar questionando onde foi parar o livre arbítrio.

A maior parte do que seus sentidos captam da realidade não fica sob o domínio da consciência. Mergulha para o inconsciente. Imagine-se caminhando por uma avenida de sua cidade. Você observa pessoas que passam, olha as lojas que lhe interessam, toma um cafezinho num bar e segue distraído em frente. Mais tarde, não se lembrará de muita coisa, a maioria das informações captadas pelos sentidos se perdeu nos escaninhos do inconsciente. Acomodada ali, uma parcela dessas informações pode irromper a qualquer momento em forma de símbolos, como uma espécie de segundo pensamento.[29] Os sonhos reproduzem informações que você colheu do mundo real. Por mais confusos que pareçam, estão contando a você o que de fato se passa em sua men-

> Que importância você dá à interpretação correta dos sonhos?

te. Mas o inconsciente tem linguagem própria e se expressa por meio de símbolos. Na maioria das vezes, você não tem a menor noção do que eles querem expressar.

Se você fizer uma correta interpretação do que sonhou, pode até reavaliar os rumos de seu roteiro de vida e lhe dar novo direcionamento. C. G. Jung dá um bom exemplo disso em sua história pessoal. Ele se recusava teimosamente a colocar em linguagem acessível a leigos os conceitos básicos de seu pensamento psicanalítico. Achava impossível que um leigo pudesse compreender suas complexas teorias. Certa noite, sonhou que se achava num lugar alto, falando a uma multidão – e todos o compreendiam. A partir da interpretação do sonho, o que ele fazia como ninguém, C. G. Jung enfim cedeu. Nasceria daí o livro *O homem e seus símbolos*, obra coletiva que supervisionou e que liberou poucos dias antes de falecer.

Se você não dá a devida atenção aos sonhos, pode jogar fora boas oportunidades de transformação ou invalidar sérias advertências. Lembre-se do básico: todo sonho seu se refere única e exclusivamente a você – mesmo que o enredo, muitas vezes estapafúrdio, envolva parente próximo ou gente afastada de seu convívio. Se você sonhou, por exemplo, que um vizinho morreu, isso não é presságio da morte dele. Talvez o sonho expresse um ódio reprimido seu – e nem precisa ser contra o vizinho, especificamente. Talvez o sonho signifique que você está alimentando alguma desesperança. Talvez não seja nada disso. Aliás, não custa recomendar: fuja desses tolos livretos de banca que trazem um dicionário de interpretação dos sonhos. Não há símbolos oníricos universais. A interpretação apoia-se sempre na história individual.

Dificuldade adicional na interpretação dos sonhos é que o superego também age sobre eles. O resultado são símbolos que podem possuir significados opostos à realidade que aparentam representar.

Enfim, não dá para confiar a leigos a interpretação dos sonhos. Não perca seu tempo com elucubrações fantasiosas se nunca estudou o assunto. Não conseguirá a isenção necessária para abordar a linguagem simbólica e não irá além de conclusões calcadas em preconceitos.

Com a Revolução Cognitiva, o homem diferenciou-se dos demais seres pela capacidade de abstração da realidade. Surgiram pela primeira vez as lendas, os mitos e as divindades. Hoje você pode discorrer livremente sobre ficções ou acontecimentos que nunca alguém presenciou. O historiador Yuval Noah Harari acrescenta a isso o fato de que a ficção permitiu ao homem "não só imaginar coisas, como também fazer isso *coletivamente*. (...) Os sapiens podem cooperar de maneiras extremamente flexíveis com um número incontável de estranhos. É por isso que os sapiens governam o mundo".[30] A cooperação entre os homens baseia-se com frequência nos mitos cultivados em comum.

Enfim, você vive de tal forma enredado na teia de realidades imaginadas, sonhos, formas linguísticas, imagens artísticas, símbolos, crenças religiosas, superstições e significados que já perdeu o contato direto com a realidade física. Esses meios artificiais se interpõem o tempo todo entre ela e você.

Seu livre arbítrio chega às vezes a ser questionado diante da força de tantas influências. No entanto, não busque se iludir: nenhuma das limitações trazidas por tais influências o exime da responsabilidade pelas decisões que tomar.

A mulher hoje

Durante milhares e milhares de anos, a mulher viveu numa condição de inteira subordinação ao homem, a ponto de muitas vezes se considerar a subordinação total algo intrínseco à natureza feminina. O domínio masculino baseava-se sobretudo na superioridade natural da força física, mas invadia também todas as esferas do pensamento. Uma provável exceção à regra de dominação masculina foi encontrada no século passado pela antropóloga americana Margaret Mead. Ela cita, em uma de suas obras, uma tribo da Papua-Nova Guiné em que os homens gastavam o tempo a se enfeitarem, enquanto as mulheres trabalhavam e assumiam tarefas mais práticas, numa evidente inversão de papéis tradicionais.[31]

Historicamente, as atribuições masculinas e femininas dentro da sociedade eram claramente subentendidas. Não precisavam ser escritas para que cada parte executasse seu papel. Ao homem competia o dever de ir à luta fora de casa, trazer o provento à família e protegê-la de todo perigo. A natureza havia dado a ele maior porcentagem de massa muscular para que levasse a bom termo a função de caçador e protetor. Ele era também o senhor das guerras. Isso não era nenhum privilégio – pois visava a proteção comum –, mas espertamente foi entendido como tal. À mulher, mais frágil fisicamente, cabia a tarefa de cuidar da casa e dos filhos que havia abrigado no ventre e dado à luz.

Para se sentir segura, então, quase todo o empenho feminino se concentrava na conquista de um bom parceiro. Só dessa maneira os rígidos padrões sociais permitiriam à maioria delas deixar o anonimato e alcançar prestígio e projeção. A busca do amor, a par de ser aspiração legítima de todo ser humano, tinha para a mulher, no passado, o objetivo adicional e pragmático de garantir afirmação pessoal dentro da sociedade.

Homem e mulher realizavam e ainda realizam papéis reciprocamente complementares. Infelizmente, sempre houve ontem e continua havendo hoje quem esqueça a complementaridade dos papéis masculino e feminino e raciocine apenas em termos de superioridade daquele sobre este.

A Revolução Industrial e as duas grandes guerras do século passado trouxeram para a mulher mudanças profundas na relação com o meio social e consigo mesma. Dedicada até então praticamente aos afazeres domésticos, a mulher saiu de casa. Saiu para não voltar mais.

Ela se viu de um momento para outro introduzida em um universo que se presumia ser exclusivo do homem. Enquanto filhos e maridos eram mandados para as frentes de batalha, ela precisou deixar o lar para se dedicar à atividade industrial. As novas tarefas que assumiu na retaguarda se tornaram fundamentais para a fabricação dos armamentos necessários às batalhas.

As máquinas, inexistentes ou rudimentares nos séculos anteriores, facilitaram seu ingresso no mercado de trabalho. Com as máquinas, a mulher se libertou da necessidade da força bruta, condição na qual até então ela não podia competir com o homem.

Outras mudanças significativas, trazidas pelos avanços da medicina e da ciência em geral, revolucionaram os costumes favorecendo a mulher. Uma delas seria o advento da pílula anticoncepcional, ocorrido poucos anos após o fim da Segunda Grande Guerra, mais precisamente em agosto de 1960. A mulher, pela primeira vez na história da humanidade, podia usufruir plena e livremente do prazer sexual sem engravidar.

> Você já pensou sobre o que é e não é autêntico na feminilidade?

Assim, no decorrer de pouco menos de dois séculos, aconteceria algo jamais visto: uma transformação irreversível na relação entre o homem e a mulher pela libertação dela de muitos entraves, tabus e proibições – como, em mais um exemplo, a conquista do sufrágio feminino, há pouco mais de cem anos.

Paralelamente a toda essa transformação, a partir da Revolução Industrial se consolidaria a sociedade de consumo, na qual todos estamos mergulhados. Também historicamente inédita, ela traria profunda influência na psicologia das massas. Homens e mulheres nunca mais seriam os mesmos.

A conquista do novo espaço dentro da sociedade se fortaleceria especialmente para a mulher que por índole tivesse maior propensão para atividades externas. Ela ganhou uma autonomia inédita em relação às coirmãs das gerações anteriores.

Um grande número de mulheres soube aproveitar os benefícios da nova realidade, mesmo assumindo às vezes o ônus de ser a provedora do lar. A autonomia adquirida compensava as perdas e aos poucos ela conquistou novos campos de atuação.

A essa altura, importa ressaltar que nada do que se diz sobre a evolução histórica dos costumes pode, de forma generalizada, ser aplicado a *todas* as mulheres. Haja vista o que continua a ocorrer não só em classes econômicas menos privilegiadas, como em nações de tradição extremamente rígida ou de costumes tribais.

Por outro lado, é possível que grandes conflitos com a feminilidade tenham surgido exatamente com mulheres que tiveram as melhores possibilidades de emancipação.

Hoje, não poucas atrelam à nova realidade social um certo repúdio à própria natureza feminina. Esse conteúdo antigo da psique, a feminilidade, tende a ser reprimido por muitas jovens, já que "representa uma ameaça às suas mais recentes prerrogativas: a emancipação e a igualdade com os homens".[32] A própria mulher se diminui quando comete o equívoco de interpretar a feminilidade como sério obstáculo à afirmação pessoal no meio social. Abre mão de seu ser feminino e se torna feroz competidora do homem em vez de colaboradora. Ambos perdem.

Características tidas culturalmente como masculinas – tais como força, coragem, independência, sucesso profissional e liberdade sexual – passaram a ser supervalorizadas como objeto de conquista pela mulher. Não por acaso, estatísticas têm mostrado que a *yangização*[33] dela coincide com o aumento de doenças que antes eram predominantes no homem, como o infarto.

O empoderamento feminino apresenta muitas faces – e seu significado precisa ser compreendido a partir de quem o pronuncia. O conceito permite múltiplas interpretações. Tomar a abordagem pessoal como ponto de partida e fazer generalizações é colocar-se como modelo por meio da apropriação de um conceito coletivo inovador. É também camuflar a própria insegurança diante dele.

Os ganhos da coletividade pelo empoderamento feminino certamente foram e continuam sendo maiores do que os danos. Talvez entre estes se possa citar certo enfraquecimento do homem na medida em que diminui a polarização entre ele e a mulher. Mais fragilizado, o homem por vezes foge às próprias responsabilidades e se refugia no argumento de se haver tornado mais sensível ou compreensivo. Acomoda-se.

> O que você acha que angustia mais a mulher no momento atual?

Por todas essas razões, a mulher vive com frequência um instável estado emocional. Como observa Anna Nabergoi, de um lado o repúdio à feminilidade não se exterioriza, por não haver a reprodução sem a presença masculina. De outro, o medo de não ser amada entra em conflito com a relutância em assumir atitude passiva ou feminina em relação ao homem. A afirmação de Bert Hellinger[34] de que "o homem protege a mulher, a mulher segue o homem", quando não compreendida em seu significado profundo de valorização da feminilidade, soa como um repto machista – o que não é.

A educação feminina frequentemente tem insistido num moralismo que faz a mulher se ver como vítima de impulsos sexuais condenáveis do homem. Com isso, ela perde a autoestima e pode desenvolver traços masoquistas. Entrega-se ao papel de eterna sofredora, responsável exclusivamente por cuidar do marido, da casa e dos filhos, mesmo crescidos. Instalado o vitimismo, nasce dentro dela a surda hostilidade que gera uma secreta e castradora manipulação dos que vivem a seu redor. Ela chama de amor o que não passa de controle da vida alheia, uma equivocada maneira de se fazer amar e de se sentir segura.

Quando a mulher vive em função de marido e filhos, inconscientemente supervaloriza o amor, porque o amor a protege, mas ela sofre por medo de perdê-lo. Preservar a beleza torna-se assim uma angustiante preocupação, que não surge apenas quando o passar dos anos começa a ofuscar os encantos físicos. A preocupação estende suas teias sobre todos os momentos da vida da mulher, tornando-a insegura e ciumenta.

Felizmente, numerosas mulheres não sucumbem às pressões do exterior e sobrepõem-se a elas. Sabem valorizar-se e valorizar qualidades não pertinentes só à esfera erótica, tais como equilíbrio, independência, autonomia de julgamento ou sabedoria.

Prosseguir

Quando você dá início de fato a um processo de autoconhecimento por meio de psicoterapia ou outra ajuda externa similar, uma das mais desagradáveis sensações que tem costuma ser a de piora. Buscou paz, encontrou desassossego.

Antes, tudo parecia correr suportavelmente bem. A rotina continuava sob razoável controle e você dava conta do recado em suas tarefas diárias. Até achava normal surgirem uma angustiazinha aqui, um desânimo acolá e uma insônia sem motivo aparente. Também não levava na devida conta ter tanto conflito nas relações pessoais – afinal, os *outros* cometem erros demais e não dá para você ficar calado, não é mesmo?

Acabou procurando ajuda profissional porque havia apenas um único probleminha – vagamente relatado por você como insegurança –, que sozinho não conseguia resolver. Logo se livrará dele, com certeza.

Agora, porém, tudo mudou. Dúvidas que não tinha antes surgiram do nada e passaram a incomodá-lo seriamente. As verdades em que acreditava tornaram-se de repente um tanto fluidas e perderam consistência. Você se sente inquieto e desconfortável consigo mesmo. Parece que o chão se abriu debaixo dos pés e que você começa a afundar num abismo escuro.

Nessa visão pessimista do processo de autoconhecimento, você pode chegar a uma profunda e perigosa depressão. A imagem do chão que se abre sob os pés faz sentido: de fato, você está mergulhando em direção ao conteúdo do inconsciente. Em tal circunstância, pode ser necessária a introdução de medicação específica, com supervisão de um psiquiatra. Mas, fique tranquilo, não é o que habitualmente ocorre.

Nessa caminhada interior apoiada por um orientador, certa jovem relatou exatamente isso: sentir-se piorando a cada dia. Tudo lhe parecia turvo e incerto. Entretanto, relatou também que sua produtividade no trabalho havia aumentado. Tornara-se mais objetiva e ganhara maior eficiência na execução de tarefas, bem como sua relação com os colegas havia se tornado mais agregadora. A sensação interior de piora não correspondia à realidade dos fatos. Foi-lhe, então, sugerido que seguisse em frente e continuasse "piorando".

No processo de autoconhecimento, a sensação de piora ocorre porque você não aprecia se ver como de fato é. Isso dói, machuca o ego. Por isso, não raro você se sentirá tentado a voltar atrás. Simplesmente buscará fugir – não sem antes racionalizar a fuga com alguma justificativa válida do seu exclusivo ponto de vista. Um curso de inglês, por exemplo, pode ser excelente desculpa. Afinal, você dirá, surgiu uma oportunidade irrecusável de aprender um novo idioma e não se pode perdê-la.

Inversamente ao mal-estar na busca do autoconhecimento, você pode também ter a sensação de haver chegado à sabedoria plena. Orgulha-se demasiadamente do progresso que fez, como se já não precisasse mais olhar para dentro de si. Toda vez que lhe for perguntado se alguma falha o incomoda no momento, falará daquelas que superou ou imagina ter superado. Colocará todo conflito interior no passado e dará um sorriso de quem chegou ao nirvana.

> Que desculpas você usa para não olhar de frente seus problemas?

Ignora que o caminho a percorrer é muito mais longo do que pode imaginar. Comporta-se como se, ao escolher as roupas que vai pôr na mala, achasse que já chegou ao destino.

De uma hora para outra, passa a dar conselhos a todo mundo, certo de já dominar os processos inconscientes seus e os alheios. Agora, sim, entende direitinho a neurose da prima solteirona, sabe a causa dos tiques nervosos do colega de classe e comenta de modo convincente o narcisismo do professor de literatura. Interpreta, inclusive, os motivos que levaram personagens famosos da história a realizar feitos extraordinários ou a fracassar fragorosamente. Interpreta tudo, nada lhe escapa. Devaneia que se libertou dos mecanismos neuróticos apenas porque entendeu racionalmente meia dúzia deles. Fala muito dos outros, mas se esquece de si mesmo.

A presunção de onisciência é uma das defesas que você arrumou para não sofrer com a "má notícia" que acompanha o autoconhecimento. Vive um desamparo intenso e inconsciente na autoconfiança otimista. Não vê que os parcos conceitos aprendidos ficaram restritos por ora ao plano intelectual, sem o correspondente amadurecimento emocional.

No processo de autoglorificação, você se volta prioritariamente para o exterior por uma única razão: ainda não suporta olhar para dentro de si mesmo.

Progredir no autoconhecimento não é questão de melhor preparo intelectual. Ao contrário, "quanto mais inteligente e culto for alguém, tanto mais refinado é o modo que emprega para mentir a si mesmo", diz C. G. Jung.[35] Se certos mecanismos neuróticos parecem confusos a você, não é porque sejam de difícil compreensão. É porque você não se preparou para ouvir fatos desagradáveis a próprio respeito. Você se torna surdo a tudo o que não corresponda à imagem idealizada que cultiva de si e que defende com unhas e dentes. A surdez emocional o leva a não prestar atenção às falas desconfortáveis dos outros. Chega a parecer mal-educado e fica o dito por não dito. Em caso extremo, você pode até mesmo desenvolver surdez física parcial como sintoma psicossomático.

Se você melhora do ponto de vista emocional, não é só porque entendeu a raiz do problema. Aliás, se você entende a raiz do problema, é porque já melhorou. Você se tornou capaz de ouvir.

Não sendo o autoconhecimento questão de inteligência, você já percebeu: trata-se de força moral. Você só terá chance de avançar em autoconhecimento se estiver determinado a isso. Progredirá se aceitar que o caminho é pedregoso e tem muitas encruzilhadas. Se está em busca de garantias prévias, não vai encontrá-las. Terá que tomar decisões e correrá o risco permanente de fracassar. Às vezes, sentirá saudade de quando vivia acomodado à zona de conforto dos mecanismos neuróticos habituais. Com frequência se verá tentado a dar passos para trás.

> Em que planos você sente estar incompleta sua personalidade?

Mas força de vontade ainda não basta se, por presunção ou medo de ouvir coisas desagradáveis, escolheu o recurso da autoanálise. Enredado nos próprios condicionamentos, você se olhará sempre com visão distorcida. Será incapaz de enfrentar sozinho a realidade interior. A presença de um terapeuta pode ser necessária para que a figura parental que ele representa o liberte de suas opressões inconscientes.

Mecanismos de defesa do ego entrarão em ação. Inconscientemente, você começará a fazer restrições ao trabalho dele, embora continue a procurá-lo. Poderá achar que ele simplifica demais o conflito que o aflige e que não o compreende devidamente. Ou desconfiará das intenções do terapeuta: achará que ele o está induzindo a adotar valores e pontos de vista próprios sem considerar sua individualidade. Talvez a partir de certo momento você até o considere um charlatão, mais interessado em seu dinheiro que em seu progresso. Ou, com o passar do tempo, pode advir o cansaço nas suas tentativas de resolução dos conflitos: o surgimento da desesperança é um sério problema a ser superado.

A partir da aceitação de que você não é bicho esquisito nem adquiriu patente dos problemas emocionais, aceitará melhor a própria normalidade. Dá-se então uma melhora efetiva. Você entrou em contato íntimo com algumas esferas do eu real e as assimilou.

Mas essa autopercepção pode também desembocar em autocomplacência. Você conformou-se com o fato de não ser perfeito e seu orgulho lhe recomendou a "sabedoria" de não dar murros em ponta de faca. Nada mudou, apesar das aparências. Você se envaidece pela tão decantada resiliência, palavra da moda, e não percebe que preparou para si mesmo uma armadilha.

Por fim, não tenha pressa nem sonhe com transformações miraculosas. Mudanças consistentes na estrutura emocional não ocorrem da noite para o dia – mesmo no caso de *insights* valiosos. Isso leva tempo, mas vale a pena.

"Aqui já começa uma nova história, a história da renovação gradual de um homem, a história do seu paulatino renascimento, da passagem progressiva de um mundo a outro, do conhecimento de uma realidade nova, até então totalmente desconhecida. Isso poderia ser o tema de um novo relato – mas este está concluído."[36] Assim Dostoiévski encerra o monumental *Crime e castigo*, intuindo como o personagem Raskolnikof teria longo caminho pela frente até que pudesse assimilar todo o sentido trágico do crime que cometeu.

Autoridade

Distinguir o certo do errado, isso você aprendeu ainda criança. Não nasceu sabendo e, se não lhe ensinassem, não saberia. Com pouco tempo de vida, já começaram a lhe ditar as regras de como devia fazer suas necessidades fisiológicas – e de como não devia. Logo cedo lhe disseram como deveria agir em sociedade. Isso aconteceu antes de você entender o que se passava à sua volta. Não havia chegado ainda à fase da consciência e do raciocínio – que, se diz, surge por volta dos três anos –, mas já havia adquirido certa capacidade de distinguir entre certo e errado, entre bom e mau.

Desde o primeiro sopro de vida, todo ser humano tem sido um animal social. Aprende pela convivência. Noções de valores vieram até você porque alguém lhe ensinou. Porque alguma autoridade lhe ensinou.

Num primeiro momento, a autoridade foram seus pais – e eles lhe passaram a própria visão subjetiva de valores, que você provavelmente terá interpretado como sendo verdades universais.

Como os pais, cada sociedade forma seu conjunto de valores e eles são muito diferentes de uma para a outra. Um exemplo banal é a pena de morte, legalizada em diversos países e aceita pela população, enquanto outros não a permitem e a população a repudia. Outro exemplo: a homossexualidade sofre brutal repressão por muitos governos, sobretudo os teocráticos, enquanto nas maiores democracias se permite a livre manifestação dela, embora isso não atinja unanimidade. A partir dos valores de cada lugar criam-se leis e regulamentos que visam organizar a vida do grupo social. Mais que organizar, eles visam proteger as pessoas umas das outras. Todas as leis nascem do medo.

Mutáveis, elas evoluem constantemente – às vezes, para pior – e adaptam-se a novos costumes. Enquanto são leis, devem ser obedecidas. O medo da punição faz você obedecer às leis do grupo em que vive. Mas leis foram feitas também para serem burladas: elas priorizam a vida coletiva, em detrimento da vida individual. Na busca da realização pessoal de seus objetivos autênticos, talvez você precise confrontar as leis do grupo no qual está inserido. Um conceito infantil de virtude não vai ajudá-lo. Lideranças criam confrontos e um líder não se adapta ao ambiente. O líder transforma o ambiente, apresenta desafios e incomoda as pessoas adaptadas.

Seus pais podem ter sido amorosos, ausentes, violentos, não provedores, dedicados, manipuladores ou superprotetores. Em qualquer um dos casos, direta ou indiretamente eles moldaram as prioridades que você tem no julgamento de valores e em sua maneira de se relacionar com toda forma de autoridade.

> Você sente algum tipo de constrangimento ao falar com autoridades?

Se foram muito severos, embora corretos, você poderá tornar-se pessoa obediente, sem iniciativa, opinião própria ou capacidade de se contrapor a padrões vigentes. Não será líder. Interpretará toda desobediência ao *status quo* como ato proibido. Mais que isso, ficará confuso: não saberá afirmar se algo é bom ou mau para si ou para os outros. Você sufocará seus sentimentos autênticos. Mas será muito útil... à comunidade.

Se, nas mesmas condições, você se rebelou, são maiores as possibilidades de que hoje saiba defender direitos e expressar sentimentos com clareza e profundidade. Talvez algumas arestas da rebeldia precisem ser aparadas, porque você usa a agressividade sem critério. Agride de modo compulsivo. Mas de modo geral preservou certa garra e alegria de viver. Não se anestesiou.

Em vez disso, a rebeldia talvez o tenha levado a um grave afastamento da vida, das pessoas, dos sentimentos e das emoções. Você tornou-se livre para não fazer nada e sua rebeldia fica dissimulada atrás de uma aparência de indiferença.

A autoridade – caracterizada por relação de subordinação a uma pessoa, norma ou ideia – pode ser racional, irracional ou anônima, como define Erich Fromm.[37] Diante dela, só o autoconhecimento vai permitir a você a subordinação adequada ou a necessária rebelião.

Quando você se submete a uma pessoa ou preceito moral por reconhecer sua superioridade, está diante de uma autoridade racional. Por exemplo, ao se colocar como aprendiz diante de seu professor de química, você conferiu a ele autoridade. Nesse caso, a relação é produtiva e tende a se dissolver com o passar do tempo. Amor, admiração ou gratidão comumente são elementos aí presentes.

Se, entretanto, você está sendo subjugado pela força, o domínio parte de uma autoridade irracional. Ela é inibidora, tende à exploração e não cativa. É própria de gente com tendência ditatorial. Se a dominação for inescapável, talvez você reprima os impulsos de rebeldia para não sofrer punição. Por medo, poderá até chegar a uma adoração cega ao opressor. Agirá assim inconscientemente, visando proteger o ego: a admiração suaviza a dor da humilhação e reprime o consequente e perigoso ódio ao opressor. Não por acaso, povos inteiros adoram seus ditadores.

As autoridades racional e irracional são manifestas. Você sabe a que leis ou reis obedece, a quem admira ou odeia, a quem agrega ou rechaça. Essencialmente diferentes entre si, ambas têm em comum gradações na distância entre autoridade e subordinado. Autoridade irracional, por exemplo, pode tanto ser um ditador cruel como um patrão ganancioso. Outro exemplo: a diferença entre você e um colega que esclarece um ponto da aula – nesse momento, ele é autoridade – não é a mesma que há entre você e o professor.

Nos últimos dois séculos, a autoridade racional e a irracional se diluíram, perderam força. No ambiente de trabalho especialmente, a transformação foi radical. Hoje, sua relação com o patrão se dá num nível jamais alcançado no passado. Você tem mais direitos do que havia antigamente. Ele não pode explorá-lo como um proprietário de fábrica fazia no começo da Revolução Industrial, quando mesmo crianças trabalhavam em linhas de montagem até a exaustão.

Mas, do ponto de vista histórico, paulatinamente você foi sendo dominado por uma terceira e poderosa forma de autoridade: a anônima.

Ela não tem rosto e você não sabe contra quem pode se rebelar. Não há a pessoa, ideia ou lei moral explícita que lhe dê ordens. Entretanto, você se vê coagido a se tornar submisso num rebanho de carneirinhos sem rumo. Você simplesmente se sente obrigado a viver num estado de pura conformidade. Sobre você pairam, soberanos, o senso comum, a opinião pública e as leis não escritas da sociedade de consumo.

> Você é uma pessoa que aceita com facilidade convenções sociais?

Como uma peça de engrenagem industrial rejeitada na ISO 9000 por ser considerada não conforme, também você será tratado como peça não conforme se não viver sob o império da autoridade anônima. Seu papel é aceitar os ditames da conformidade – ou do conformismo. Na moderna sociedade, como disse Adlai Stevenson,[38] você não corre o perigo de se tornar escravo, mas de se tornar autômato.

Antes, o conflito podia acontecer contra duas autoridades, a racional ou a irracional. Talvez o contendor ganhasse, talvez saísse perdendo. Hoje, a autoridade anônima tem a pretensão de eliminar o conflito entre ambas – mas em troca exige a conformidade a um novo e mal definido padrão.

Antes, se você quisesse dirigir um carro sem ter completado dezoito anos, seu pai não permitiria. Você tinha duas opções: ou obedecia ou se rebelava contra ele, autoridade.

Hoje, seu pai virou amigo e, confuso, dialoga com você. É um estranho diálogo, pois a autoridade anônima roubou a ele a autoridade. Ele, já não sabendo o que quer ou pode querer, tenta transmitir a você o mesmo estado alienado de conformidade em que vive. Chega a trocar os papéis, perguntando a você como ele agora deve agir.

No passado, diante das autoridades racional ou irracional, preservava-se o sentimento do eu, quer houvesse rebeldia, quer houvesse submissão. Mantinha-se a própria identidade. Agora, a autoridade anônima esvaziou sua personalidade: o seu eu, que confrontava ou obedecia e assumia as consequências, desintegrou-se na conformidade coletiva.

Você obedece, entre tantas outras, a lei não escrita que lhe impõe o agir politicamente correto – mas lhe nega a noção clara do que seja politicamente correto para que você possa questioná-la.

A autoridade anônima tenta convencê-lo de que é alguém inferior caso tome a decisão de ser peça não conforme na engrenagem social. Ela busca sempre desqualificar quem tem autonomia.

A palavra de ordem do momento é flexibilidade. Você precisa estar apto a se adaptar ao que vier. Não importam seus princípios nem valores, o importante é você se adaptar. É, paradoxalmente, agir em conformidade com o indefinido.

Ao mesmo tempo que a flexibilidade pode expandir os horizontes de sua criatividade, enriquecendo suas experiências de vida, ela força a diluição de sua individualidade na conformidade da vida coletiva.

Muita gente comporta-se hoje como se não devesse nada a ninguém. Como se não houvesse leis válidas. Mas essa gente vive um simulacro de liberdade. Não é livre de fato. É escrava da conformidade, a autoridade anônima que dita a norma invisível da rebeldia sem causa.

Liderança

Pessoas ao seu redor cometem erros e parecem não aprender nunca. São erros tolos, na maioria das vezes, que poderiam muito bem ser evitados. Isso é o que mais o incomoda: a displicência alheia. Você gostaria que as pessoas mudassem certos modos de agir, bastaria que elas prestassem um pouco mais de atenção ao que fazem, não é mesmo? Afinal, você sabe muito bem o que é bom para elas e tem a máxima boa vontade em colaborar.

Pretender que os outros mudem uma conduta não é, por si só, nem bom, nem mau. É fato rotineiro nas relações humanas. Mesmo numa simples conversa de amigos, à mesa de um bar após o expediente, há uma tentativa de convencimento ou dominação de um para outro. De outras formas, isso se repete na relação profissional. Se, então, você ocupa uma posição de liderança numa empresa, uma de suas atribuições é treinar, orientar, até corrigir a pessoa subordinada. No caso, você ganha, a empresa ganha, todos saem ganhando.

O cerne da questão está em saber qual é a motivação interior que você realmente tem quando pretende modificar atitudes ou pontos de vista de alguém. É a motivação interior que distingue liderança de tentativa de manipulação.

Se você é líder de fato e não mero capataz, nunca tomará decisões que ostensivamente visam prejudicar a pessoa subordinada. Você agirá movido por generosidade – que se torna, aliás, quase um sinônimo da palavra amor.

Isso não significa que esteja abrindo mão dos próprios objetivos. Saber conciliar interesses de ambas as partes é o bom segredo da liderança.

Diferentemente do líder, o manipulador tem o egocentrismo como mola-mestra. Ele pensa apenas nas vantagens que obterá modificando a conduta de alguém. Fartos exemplos desse tipo de comportamento encontram-se no mundo da política. O candidato a um cargo qualquer entra em sua casa, distribui sorrisos e faz mil promessas. Cativa as pessoas e ganha seu voto. Uma vez eleito, esquece-se de que o visitou ou do que prometeu. No longo prazo, resta a desilusão e por vezes o rancor por se ver ludibriado. Mas também fora da política pululam manipuladores, evidentemente. Eles estão em todos os ramos da atividade humana.

> O que está errado no estilo de liderança que você adotou?

Não pense que basta você se sentir generoso para modificar positivamente a conduta de alguém. Sua generosidade pode não ser autêntica e inconscientemente você busca o próprio conforto. Quer que alguém ao seu lado mude de atitude apenas para não se sentir incomodado e chama isso de altruísmo.

Autoconhecimento é fundamental para você não se enganar quanto às intenções verdadeiras que tem na relação com as pessoas que vivem ao seu redor.

Haverá fracasso na intenção de modificar a conduta alheia se você optar pelo caminho errado: o de querer *influenciar* em vez de *incentivar*. Há nítida diferença entre uma atitude e outra, embora os termos aparentem alguma similaridade. Influenciar é querer moldar o outro de acordo com seus próprios padrões – que você julga superiores e a salvo de críticas. Você se coloca em posição de modelo para os outros – não percebe isso – e distribui conselhos que ninguém pediu. Incentivar, pelo contrário, é fortalecer, elevar a autoestima alheia, apontar rumos que beneficiam pessoas. Existe um real interesse seu em beneficiar o outro, não importando se isso trará a você alguma vantagem ou não.

Também há outras maneiras pelas quais você busca influenciar alguém, imbuído que está de máxima boa vontade. Pelo menos é o que acha, não?

Uma delas: em vez de buscar inspirar confiança quanto à sua maior experiência, você *exige* cega adesão ao seu ponto de vista. Sim, afinal, você é dono de uma verdade indiscutível. Quando sua exigência de adesão incondicional não é atendida, você fica irritado. Acha que seus sólidos argumentos nem sequer foram levados em consideração, quando, na verdade, você nunca se preocupou com as autênticas necessidades, desejos ou ambições alheias. Tampouco levou em conta que seus argumentos são frutos de sua maneira de raciocinar. Não são verdade universal. Ora, o desenvolvimento de um raciocínio é peculiar a cada pessoa – embora ele pareça ser algo inflexível, fundamentado em premissas inabaláveis, de conclusão única. Vivências pessoais diversas podem conduzir a conclusões divergentes – e corretas!

Outra tentativa igualmente improdutiva de modificar a conduta alheia: você escolhe o caminho da *chantagem*. Além de desonesto, o caminho é como tiro que sai pela culatra: chantagem pode ter alguma eficácia no curto prazo, mas perde força com o passar do tempo. Não raro acaba gerando repulsa – exatamente o oposto do que você pretendia.

Outra, ainda: você recorre ao *castigo* ou faz ameaças. Castigo gera obediência e talvez você goste dela pela rapidez com que dá resultado. Mas enfraquece a personalidade de quem obedeceu. Isso acontece mais na infância. A criança se acovarda diante do mais forte e aos poucos perde a noção da própria individualidade. Mais tarde não conseguirá nem defender o próprio ponto de vista num debate, muito menos saberá exigir os próprios direitos. O indivíduo poderá tornar-se introvertido e buscar o isolamento para satisfazer os próprios desejos e necessidades.

A *doutrinação* é, por fim, outro recurso que por vezes você usa para mudar alguma conduta alheia. Quase nunca é eficaz e frequentemente provoca tédio. Doutrinação é egocêntrica, é falatório em mão única: você não ouve ninguém, nem leva em conta pontos de vista e interesses alheios. Doutrinação só tem eficácia quando alguém a busca por livre e espontânea vontade. Tem que haver predisposição de aprender.

Como pôde perceber, influenciar, exigir cega adesão, fazer chantagem, impor castigos ou doutrinar não favorecem o outro.

De que modo, então, você pode obter resultados positivos e duradouros na mudança da conduta alheia?

Muito simples: esses resultados somente são obtidos quando o outro perceber que poderá *ter mais* ou *ser mais* se seguir a orientação dada por você. Em casos de baixa autoestima, talvez haja necessidade da ação prévia de despertar a ambição adormecida de *ter mais* ou de *ser mais*.

> Qual é o recurso que você mais utiliza para gerar entusiasmo?

Essa é a receita! O resto decorre dela. Algumas medidas práticas contribuirão para você obter bons resultados nessa ação.

O primeiro passo: ouvir, aceitar e respeitar a conduta alheia tal qual ela é no momento. Todo mundo pode mudar. Não tenha a pretensão de saber o que é melhor para alguém agora. Você precisa, isso sim, desvendar as razões por que tal ou qual conduta acontece e descobrir as causas. Não se apresse, dê tempo ao tempo.

Um segundo passo seria você levar o outro à conscientização de que o ponto de vista dele não vale para todos. É comum alguém alegar que "todo mundo pensa assim". Generalizações denotam imaturidade. Trata-se de um grande equívoco, que nem sempre é inofensivo ou irrelevante.

Paralelamente a isso, você buscará desenvolver no outro os recursos potenciais que ele tem – e que muitas vezes nem sequer conscientizou. Se ele expõe uma dificuldade, pergunte, por exemplo: "Que outro recurso você possui para superar o problema que o aflige?". Faça-o exercitar a imaginação nessa hora e terá resultados surpreendentes. Repita a pergunta várias vezes até derrubar as defesas que impedem a pessoa de progredir.

Procure descobrir os objetivos autênticos do outro. É um trabalho a quatro mãos. Objetivo autêntico não vem de influências externas, você já sabe disso. Com certa frequência, muita gente acredita piamente serem seus os objetivos que os pais lhe sugeriram – ou até impuseram. Mais tarde, vem o desencanto com o caminho trilhado e o custo emocional da descoberta chega muitas vezes a ser doloroso.

Por fim, é essencial – e talvez seja a postura mais difícil – você respeitar os estímulos válidos para o outro. Só que você se irrita com esses estímulos – ou defeitos, na sua opinião. Como você pode, por exemplo, respeitar alguém cujo narcisismo o leva sempre a ofuscar os que estão à sua volta? Ou que é preguiçoso? Ou muito ambicioso? Se não tiver bom autoconhecimento, você vai achar tudo isso um grande desafio.

Em resumo: somente pelo fortalecimento da personalidade do outro você o tornará um entusiasmado colaborador. Isso é o que se define como liderança.

Modernidades

Dê-se por feliz se tiver a sensação de que está apenas dez anos atrasado em relação aos avanços da tecnologia e às mudanças de valores e costumes. A evolução é tão vertiginosa que não dá para ver os fatos da história atual com os mesmos olhos lentos com que o passado via os seus. E passado você pode incluir, sem pestanejar, qualquer período anterior à derrubada das Torres Gêmeas, em 2001 – entendida como mera referência. Tudo está um passo à frente, nada mais é como antes e você vive correndo contra o tempo.

Em época que talvez possamos considerar recente, a Revolução Industrial tornou a máquina parceira inseparável do homem. A principal vantagem, logo no início, foi a libertação dos músculos na execução de milhares de tarefas. A máquina tomou seu lugar. Mas nem o genial Charles Chaplin, com seu personagem Carlitos às voltas com as máquinas em *Tempos modernos*, poderia antever a radical ruptura de costumes com a qual você, poucas gerações depois dele, viria a conviver.

Ainda no século passado, o impacto angustiante das mudanças que a sociedade experimentava revolucionou as artes e inspirou forte ficção distópica. Três obras clássicas ficcionais, em especial, refletiram o temor do futuro das sociedades: *Admirável mundo novo*, de Aldous Huxley, *1984*, de George Orwell, e *Farenheit 451*, de Ray Bradbury. Corra à livraria mais próxima, se não leu ainda essas obras-primas.

A perplexidade do homem moderno se revela até na impossibilidade de encontrar o termo exato para definir cada momento. O historiador Eric Hobsbawm observou com ironia a disseminação do prefixo "pós" mais como funeral do que passou do que definição do que surge. O mundo, diz ele, tornou-se "pós-industrial, pós-imperial, pós-moderno, pós-estruturalista, pós-marxista, pós-Gutenberg, qualquer coisa".[39] Mesmo assim, ser "pós qualquer coisa" envaidece por parecer adesão à modernidade, tida arbitrariamente como superação de valores que caducaram.

> A agitação no modo de viver moderno atinge você em que medida?

Aí veio a internet. Ela nasceu em 1969, com o primeiro e-mail de um professor da Universidade da Califórnia a um colega de Stanford. Menos de quinze anos depois, deixou o meio acadêmico e abriu-se ao uso comercial. A estupenda revolução que provocou nos costumes e nas ciências não dá sinais de afrouxamento no ímpeto de criar novos desafios e novas soluções.

Hoje, a máquina que subjuga você contém menos aço. O mundo do *hardware* se encolhe e cede espaços ao do *software*. A notável agilidade adquirida na realização de tarefas subverte a noção de tempo e permite a multiplicação, a níveis jamais imaginados, de estímulos que atingem você. Pesquisa recente nos Estados Unidos mostrou que a Geração Y, ou dos *millennials*, que sofreu forte impacto com a chegada da internet, não consegue se concentrar em um assunto por mais de vinte minutos. Mas o déficit de atenção não é exclusividade da Geração Y e, menos ainda, da subsequente Geração Z, a dos nativos na internet. Expandiu-se exponencialmente. Tuitar é preciso, pensar não é preciso.

Olhe ao redor e verá que já é possível, apropriando-se da ironia de Hobsbawm, imaginar a chegada de uma ruidosa pós-Geração Z. A infância da segunda década deste século vive realidade totalmente nova e não consegue vislumbrar o que seria a vida no passado – logo ali, meia geração anterior. Brincar é da natureza das crianças, mas a grande brincadeira agora é jogar por aplicativos, colecionar amigos virtuais e deformar a coluna cervical pela inclinação da cabeça para olhar o *smartphone*.

"Aquilo que jaz no coração de todas as coisas vivas não é uma chama, nem um hálito quente, nem uma 'faísca de vida', e sim a informação, palavras, instruções." Assim Richard Dawkins, em publicação de 1986, mostrava como nos foge parte do comando que temos sobre nossas mentes. Os memes[40] têm espantosa agilidade de propagação na era da informação. Mas vão além: à semelhança de genes com vida própria, eles replicam a si mesmos de cérebro para cérebro. Os memes têm as rédeas nas mãos. Ou, no dizer de Daniel Dennett, "um meme é um pacote de informação com atitude".[41]

Sem que perceba, você começa a perder em expressiva dose a capacidade de assimilar ideias, seguir critérios e fazer escolhas. Mas continua orgulhoso da fatia de liberdade que ainda mantém. A sociedade de consumo, já vimos isso, é a grande autoridade anônima, de rosto invisível, que insidiosamente subjuga corações e mentes. Você não está imune a essa influência e provavelmente nem percebe seu alcance nas decisões que toma.

Você talvez sinta saudade de um tempo que não conheceu e só encontra em livros. No passado, o direito à intimidade era preservado e usufruía-se da presença do silêncio, em convívio com a natureza. Tinha-se noção do supérfluo.

Hoje, os meios de comunicação vão insistir em lhe dizer o contrário, na oferta interminável de necessidades artificiais. A sociedade de consumo o devora. Mas o faz com refinamentos tais que você nunca terá um filtro que o proteja totalmente do bombardeio das promessas de felicidade. Tudo se compra, tudo se vende.

Nesse universo da sociedade de consumo, ganha vigor a personalidade de orientação mercantil,[42] de que fala Erich Fromm. Quase não existia no passado, quando reinava outro contexto, no qual todo produto manufaturado pelo homem tinha valor em si, que era o valor de uso. Esse novo indivíduo dos novos tempos só tem valor de troca: coisificado, faz-se a um só tempo mercadoria e vendedor de si próprio. Investe todas as energias em burilar as aparências e vira embalagem que precisa impressionar. Destituído de autonomia, torna-se camaleão moral, que corrompe e se deixa corromper, se assim achar que cai bem aos olhos alheios.

> O que mais o angustia nas transformações do mundo moderno?

Você vive a era do Grande Irmão imaginado por George Orwell, que deixou as páginas da ficção para, dos bastidores da internet, controlar tudo e todos. Vasculha tudo, nada lhe escapa e se intromete a todo instante. *Pop-ups* irritantes são pequenos recados diários que o Grande Irmão lhe envia para lembrá-lo de que não tirou férias.

Charles Duhigg[43] relata, a propósito, um fato exemplar: um supermercado passou a enviar a certo endereço panfletos personalizados para mulher grávida. Ninguém ali sabia ainda da gravidez de uma jovem da casa. Mas o departamento de análise de uma empresa de pesquisa de hábitos de consumo já havia vasculhado os comprovantes de compra da consumidora, descobriu novidades na relação de itens adquiridos e informou o supermercado.

Se você se candidatar a um novo emprego, é provável que não precise levar currículo: o setor de Recursos Humanos da empresa em vista já tem mais informações a seu respeito do que você possa imaginar.

Você vive desorientado num mundo de transformações aceleradas, que produzem angústias sob o manto do progresso. O sociólogo Zygmunt Bauman já proclamava que vivemos tempos líquidos, de amores e medos líquidos, em que nada se faz ou acontece para perdurar.

Mas pense que tudo isso são exterioridades, por mais poder e força que tenham. Compete a você não se deixar enredar pela voragem dos tempos modernos. Os grandes pensadores do inconsciente a partir de Freud descobriram, exploraram e conceituaram mecanismos interiores válidos em qualquer época. Por isso, é a eles que você deve se reportar caso queira se aprofundar no autoconhecimento. São eles que o vão ajudar a descobrir por que age dessa ou daquela maneira. Isso o torna mais dono de si e senhor das próprias decisões. Não importa o quanto suas emoções são bombardeadas para que traiam seus desejos autênticos e o submetam ao consumo desenfreado. Eles sempre lhe darão a bússola para entender por que muitas vezes escolhe caminhos que conscientemente jamais escolheria.

Ego, superego, inconsciente coletivo, sublimação ou projeção – apenas para citar algumas – são conceituações formuladas há pouco mais de um século. Mas o conteúdo transcende a história por se referir ao que há de mais profundo e permanente no psiquismo humano. Então é com eles que você precisa estabelecer o melhor relacionamento. Só essa amizade íntima consigo mesmo poderá protegê-lo das modernidades que insistem em tudo corromper em nome do deus consumo.

Felicidade

É muito provável que seus pais, como vimos, alimentassem a convicção de terem uma infalível receita da felicidade para você. Igualmente é muito provável que essa receita de felicidade se resumisse a uma carreira profissional bem remunerada. Pensando no seu futuro – na sua felicidade –, eles o entupiam de obrigações e havia pouco espaço livre na sua agenda imaginária. Você era obrigado a estudar inglês, praticar judô, fazer natação e ser o melhor aluno da classe.

Com pequenas variações, faziam o mesmo em relação à sua irmã. Mas havia um acréscimo para a ala feminina: a principal obrigação dela era tornar-se perita em prendas domésticas e casar-se, um dia, com o que chamavam de bom partido. Os tempos mudaram, os ventos sopraram a favor da mulher e tal insistência diminuiu – mas não acabou. Ela viveu durante séculos sob a condição de obter projeção social somente por meio de um bom casamento e muitas ainda não sabem agir de outra maneira. Não por acaso, as ingênuas brincadeiras de roda e os contos de fadas incutiam nelas a ideia de achar um príncipe encantado – com o qual seriam felizes para sempre. O problema era o príncipe virar sapo.

Não se pode generalizar, evidentemente, mas assim agia e ainda age grande número de pais. Em sua infância, eles cuidavam de tudo o que se referisse à sua futura felicidade – e também à felicidade deles, o que não gostam de admitir. Mas se esqueciam do óbvio: fazer de você uma criança feliz.

Entre numa livraria qualquer e vá até a seção de autoajuda. Impressiona a quantidade de livros, ali, que lhe ensinam os nove segredos disso, os sete degraus daquilo ou os dez passos daquilo outro, mas para quê? Para conseguir riqueza e sucesso na vida. Se chegar lá, eles insidiosamente prometem, você será feliz. Na era do consumismo, lhe dizem que felicidade é acumular posses.

> Seja sincero: você tem certeza de que aguenta ser feliz?

O ditado chega a ter algum sentido quando se observa tanta gente infeliz por viver uma contínua sabotagem dos próprios esforços. Acumula fracassos, não consegue progredir na vida e está sempre recomeçando, como o mitológico personagem Sísifo. Mas aí o problema se encontra na baixa autoestima. Gente assim não aprenderá a ser feliz. Aliás, não conseguirá ser feliz. Paulo Gaudencio afirmava dar alta a um paciente somente quando tivesse a certeza de que o paciente conseguiria ser feliz de maneira autônoma.

Diante de um mesmo fato bom, você poderá ser mais feliz que seu irmão ou seu vizinho. Uma das causas dessa diferença estaria na estreita ligação entre estado físico e felicidade. A condição de ser mais ou ser menos feliz poder estar em seu corpo. Segundo o pensamento chinês, a alegria está ligada ao órgão energético *Xin* (coração) e a tristeza, ao órgão energético *Fei* (pulmão). Quando há deficiência energética do *Xin*, pode-se chegar tanto a uma alegria despropositada quanto a certa letargia. Por outro lado, quando a deficiência se instala no *Fei*, pode haver tristeza como estado de espírito permanente. Em resumo: certas condições de saúde têm o potencial de predispor você a um estado de felicidade ou infelicidade. A causa não estaria necessariamente ligada a um fato ou circunstância externa.

Infelicidade agride o organismo. O sociólogo Norbert Elias chegou a afirmar que Mozart morreu prematuramente porque "desistiu de viver": tendo estado muitas vezes perto do desespero, por acúmulo de dívidas e pelo não reconhecimento de sua arte, a vida tinha perdido valor para ele.[44]

Inconscientemente, você pode se enganar e se mostrar feliz quando de fato não está. Mas o corpo não se deixará iludir: a fadiga o dominará e surgirão dores de cabeça, quando não patologias mais graves. Seu rosto se mostrará algo turvo, sem brilho. Já se disse que todo mundo é responsável pelo rosto que tem após os trinta anos.

Vale lembrar aqui o espantoso progresso, verificado nas últimas décadas, na produção de psicofármacos, auxiliares preciosos no tratamento de distúrbios psicológicos das mais diversas naturezas. O Prozac, lançado em 1986 e visto então como "a pílula da felicidade", revolucionou o tratamento contra a depressão. Efeitos colaterais indesejáveis implicaram, na época, novos estudos e a ciência continua evoluindo. Sabe-se hoje que certos estados de depressão se devem à deficiência de serotonina, o neurotransmissor da felicidade. A superação do problema se obtém mediante medicação – apoiada em geral por acompanhamento psicológico.

Em suma: boa saúde contribui para você ser feliz, mas se limita a contribuir. Há mais cartas no jogo.

Prazer e felicidade são fenômenos diferentes, embora você possa tomá-los como sinônimos. Às vezes não são! Prazer costuma ser experiência subjetiva, ao passo que felicidade envolveria também condições objetivas.

Então o que é felicidade? Não tenha pressa em responder, não busque respostas imediatas.

A felicidade talvez não passe de um efêmero estado de espírito. O filósofo Mário Sérgio Cortella a define como uma ocorrência eventual, episódica. Segundo os gregos, no dizer dele, felicidade seria "um instante de vida que vale por si mesmo".[45]

No momento da compra de um carro zero-quilômetro, você fica feliz. Mas amanhã, dentro do mesmo carro zero-quilômetro, você pode ficar infeliz por causa de algum fato desagradável, como uma doença em família ou o fracasso num projeto pessoal.

Felicidade pode ser também um estado permanente de espírito. Arthur Rubinstein, talvez o maior pianista do século XX, disse certa vez não entender como ou por que vivia num estado de pura felicidade. Afinal, tinha perdido toda a família nas perseguições nazistas aos judeus, durante a Segunda Grande Guerra.

Felicidade não cai do céu. Depende em grande parte de suas ações e de sua predisposição para ela. Se você tem uma postura otimista diante da vida e decidiu ser feliz, chegará com mais frequência à felicidade e, quando chegar, saberá usufruir. O pessimista, ao contrário, vê o mundo sempre sombrio e assim o constrói: escolheu ser infeliz e não sabe. Culpa os outros.

Comporta-se como uma criança assustada, incapaz de resolver sozinha os próprios problemas.

Desde seus primórdios, a filosofia se ocupou da questão da felicidade. Aristipo de Cirene, discípulo de Sócrates, criou a escola hedonista que proclamava o prazer imediato como finalidade da vida. Aristóteles ensinaria que a felicidade está na virtude – entendida como a justa medida: nada falta, nada há em excesso. Epicuro acrescentou a prudência ao hedonismo de Aristipo: "convém", escreveu ele, "avaliar todos os prazeres e sofrimentos de acordo com o critério dos benefícios e dos danos. (...) A prudência é o princípio e o supremo bem".[46] Muito mais tarde, Spinoza usaria o conceito de potência ou poder para definir a alegria, "passagem de um homem de uma perfeição menor para outra, maior". Tristeza seria trilhar o caminho inverso, indo em direção à perfeição menor. A filosofia de Spinoza estabelece uma relação intrínseca entre prazer e atividade produtiva. De certo modo, ela elimina o tão almejado *dolce far niente* como referência de felicidade.

> Você se preocupa em tornar felizes aqueles que vivem a seu redor?

Se você se tornar um hedonista, vai considerar seu prazer como o suprassumo da felicidade. O egocentrismo não lhe permite alternativa. Mas a experiência subjetiva de felicidade não é, por si só, um critério de valor. Considere, por exemplo, o masoquismo, físico ou moral. O masoquista obtém prazer por meio da dor e da humilhação. No aspecto moral, é provável que ele racionalize sua dor como amor ou abnegação. Estará mentindo para si mesmo.

A ética humanista implica limitações em relação a si próprio e aos outros. Não faz sentido o homem, um ser essencialmente social, buscar a felicidade que não se irradia. Talvez a verdadeira felicidade consista em construir a dos outros – o que Erich Fromm chama de produtividade, quase sinônimo de amor, porque não se restringe à esfera individual. "A felicidade", diz ele, "é acompanhada de um aumento de vitalidade, intensidade de sentimentos e pensamentos, e produtividade."[47]

O princípio do prazer hedonista egocêntrico não se sustenta como fruto de maturidade emocional ou meta saudável de vida. Seja feliz e irradie felicidade. Construa alegrias a seu redor, elevando pessoas a um novo patamar de autorrealização. Nem que seja por certo egoísmo: você sairá ganhando muito com isso.

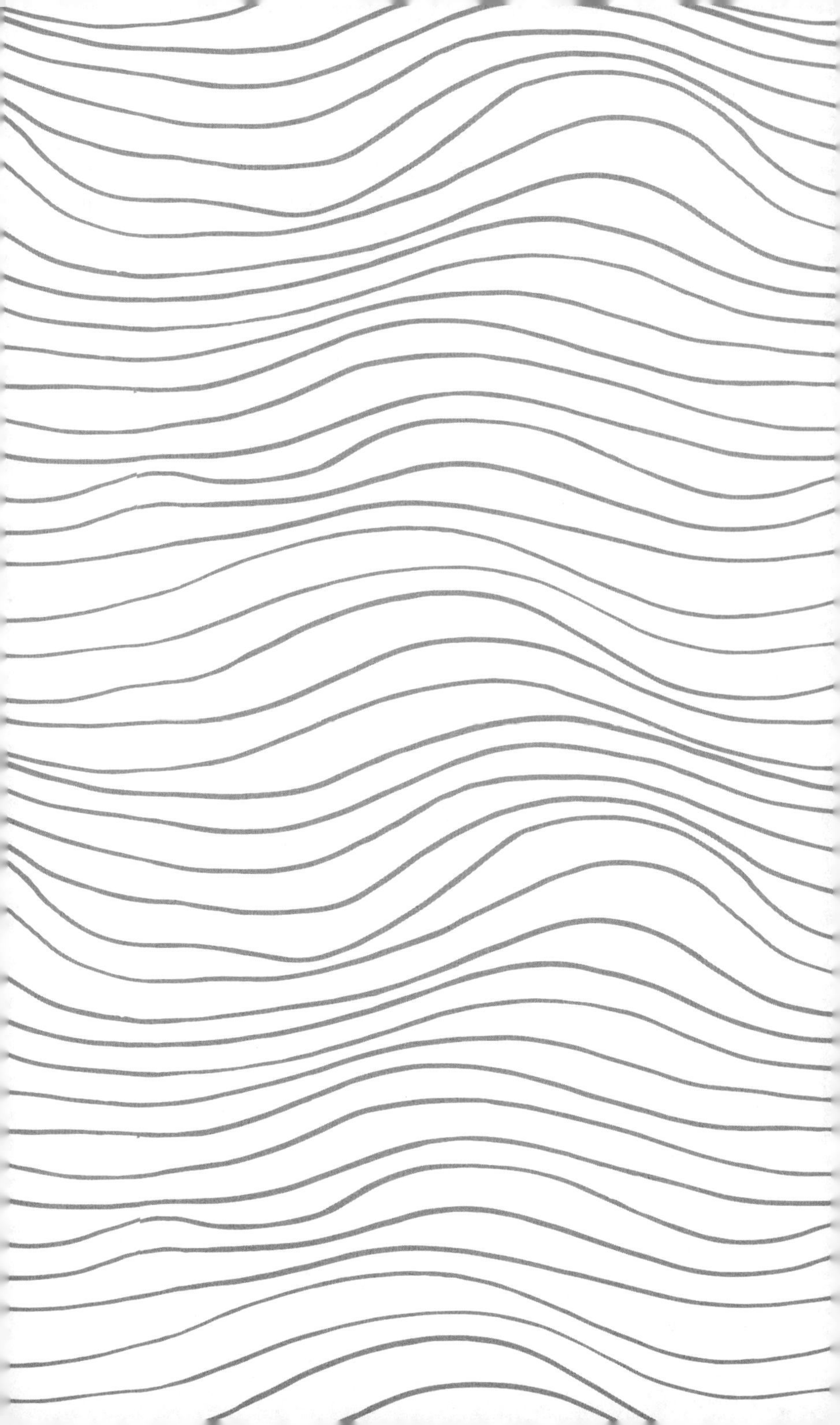

NOTAS

1. C. G. Jung, *O espírito na arte e na ciência*. Pág. 121.
2. Tsai Chih Chung, *Zen em quadrinhos*. Pág. 125.
3. Os hexagramas também não traduzem por inteiro a sabedoria dos mestres chineses da antiguidade. Estes apenas encontraram nos hexagramas uma forma de apresentar resumidamente seus conhecimentos e observações sobre as mutações do universo.
4. Sun Tzu, *A arte da guerra*. Pág. 64.
5. Lao-Tsé, *Tao Te Ching*. Poemas 10 e 71, respectivamente.
6. A educadora Anna R. Nabergoi (1922-1985) criou a Técnica ACL, hoje empregada nos cursos da Fundação ACL (www.acl.org.br), de São Paulo. A citação é retirada do conjunto de apostilas elaborado por ela e de uso exclusivo nos cursos da fundação.
7. Segundo Piaget, pensamento mágico é uma das etapas do desenvolvimento cognitivo da criança, em que ela transforma o imaginário em realidade. Usamos aqui a mesma denominação para um contexto diferente, como se verá a seguir, no texto.

8. C. G. Jung, *O homem e seus símbolos*. Pág. 22.
9. Yuval Noah Harari, *Homo Deus*. Pág. 118.
10. Sumie Iwasa é uma das fundadoras e hoje presidente vitalícia da Fundação ACL. A citação é retirada de palestra proferida nessa entidade.
11. Sigmund Freud, citação em *Escritos sobre a Psicologia do Inconsciente*, pág. 65
12. Karen Horney, *Neurose e desenvolvimento humano*. Pág. 393.
13. Karen Horney, *Nossos conflitos interiores*. Pág. 30.
14. Karen Horney, *Conheça-se a si mesmo*. Pág. 93.
15. O termo neurose foi criado na segunda metade do século XVIII pelo médico escocês William Cullen e se referia a manifestações neurológicas de diversas naturezas. Um século mais tarde, Freud se apropriaria do termo, incluindo o que passou a ser conhecido como neuroses de defesa: para ele, as histerias, as obsessões e as fobias.
16. A jornalista Jeannette Benini Dente (1922-2006) criou em 1987, juntamente com a médica Sumie Iwasa, a Fundação ACL.
17. Os vínculos da criança com a mãe e demais cuidadores foram bem descritos na Teoria do Apego, conceito criado por John Bowlby e a seguir aprofundado por Mary Ainsworth.
18. Karen Horney relaciona dez tendências neuróticas em *Conheça a si mesmo (autoanálise)*, de 1939. Depois, em *Nossos conflitos interiores*, de 1942, reduziria esse número a três, que são as tendências neuróticas de aproximação, oposição e afastamento.

19. O Projeto Escola Vida é uma iniciativa da Fundação ACL voltada à formação de jovens da rede pública de ensino. Todos os professores são voluntários treinados na aplicação da Técnica ACL.
20. Paulo Gaudencio, *Terapia do papel profissional.* Pág. 67.
21. Karen Horney, *A personalidade neurótica de nosso tempo.* Pág. 31.
22. O ditado (em latim, *Natura non facit saltus*) teria sido usado pela primeira vez em 1613 por Jean Tissot e, mais tarde, por Leibniz, Newton, Darwin e outros. Mesmo em contextos diferentes, o significado é sempre o de continuidade ou mudança por etapas.
23. O termo *deslocamento*, no sentido elaborado por Freud, é resultado de um impulso de natureza sexual. Por exemplo, criam-se no sonho imagens simbólicas que por si mesmas não têm conotação sexual. Assim, uma faca simbolizaria o pênis. O deslocamento também seria responsável pelas neuroses caracterizadas por alguma *fobia*.
24. C. G. Jung, *O espírito na arte e na ciência.* Pág. 32.
25. O Eneagrama é uma tipologia que remonta a mais de quatro mil anos, vinda dos sumérios. Transmitida por tradição oral ao longo da história, só no início do século XX foi resgatada do Oriente por G. I. Gurdjieff e difundida como excelente instrumento de autoconhecimento. Geralmente apresenta-se integrado, na prática, à psicologia transpessoal, de caráter holístico.
26. C. G. Jung, *O eu e o inconsciente.* Pág. 94.

27. A citação é retirada da apostila IN22 do curso de "Integração no Ambiente", da Fundação ACL.
28. Norbert Elias, *Mozart : Sociologia de um gênio.* Pág. 26
29. C. G. Jung, *O homem e seus símbolos.* Pág. 22.
30. Yuval Noah Harari, *Sapiens.* Pág. 33.
31. https://pt.wikipedia.org/wiki/Margaret_Mead
32. Carl G. Jung, *O homem e seus símbolos.* Pág. 178.
33. Segundo o pensamento tradicional chinês, o homem é *yang* por suas características de força, racionalidade e liderança, bem como a mulher é *yin* por suas características de fragilidade, intuição e acolhimento. Ambos têm características *yang* e *yin*, diferenciando-se apenas pelo predomínio de uma delas.
34. Bert Hellinger, psicoterapeuta alemão, é conhecido principalmente como o criador da técnica chamada Constelação Familiar Sistêmica.
35. C. G. Jung, *O desenvolvimento da personalidade.* Pág. 85.
36. A citação é extraída da tradução de *Crime e castigo* feita por Paulo Bezerra para a Editora 34.
37. O conceito de autoridade como sendo racional, irracional e anônima foi desenvolvido por Erich Fromm em *O medo à liberdade* e, depois, em *Psicanálise da sociedade contemporânea.*
38. Adlai Stevenson teria proferido a frase em discurso na Universidade de Columbia, em 1954, segundo relato de Erich Fromm em *Psicanálise da sociedade contemporânea.*
39. Eric Hobsbawm, *A era dos extremos.*

40. Fonte: Caderno *Link*, do jornal *O Estado de S. Paulo*, de 1º de agosto de 2011. O conceito de meme aparece pela primeira vez no livro *O gene egoísta*, de 1976, do biólogo Richard Dawkins.
41. Ibid.
42. Erich Fromm, *Análise do homem*. Pág. 69ss.
43. Charles Duhigg, *O poder do hábito*. Pág. 209.
44. Norbert Elias, *Mozart : Sociologia de um gênio*. Pág. 9.
45. Citação por Clóvis de Barros Filho. Ver em *https://www.youtube.com/watch?v=48oE7e4uJo8*
46. Epicuro, *Carta sobre a felicidade*. Págs. 39 e 45.
47. Erich Fromm, *Análise do homem*. Pág. 160.

REFERÊNCIAS BIBLIOGRÁFICAS

CHUNG, Tsai Chih. *Zen em quadrinhos*. 4ª edição. Rio de Janeiro: Ediouro, 2001.

CURY, Augusto. *Ansiedade:* como enfrentar o mal do século. São Paulo: Saraiva, 2016.

DUHIGG, Charles. *O poder do hábito.* Rio de Janeiro: Objetiva, 2012.

ELIAS, Norbert. *Mozart: Sociologia de um gênio.* Lisboa: Edições Asa, 1993.

EPICURO. *Carta sobre a felicidade (a Meneceu).* São Paulo: Unesp, 2002.

FREUD, Sigmund. *Formulações sobre os dois princípios do acontecer psíquico.* In: Obras Psicológicas de Sigmund Freud, volume I. Rio de Janeiro: Imago Editora, 2004.

FROMM, Erich. *Psicanálise da sociedade contemporânea.* 8ª. ed. Rio de Janeiro: Zahar, 1976.

_____. *A arte de amar.* Belo Horizonte: Itatiaia, 1991. (Coleção Perspectivas do Mundo).

_____. *Análise do homem.* São Paulo: Círculo do Livro, s/d.

_____. *A linguagem esquecida.* 3ª. ed. Rio de Janeiro: Zahar,1966.

GAUDENCIO, Paulo. *Mudar e vencer.* 5ª. ed. São Paulo: Palavras e Gestos, 2003.

_____. *Mauá, biografia psicanalítica.* In: Mauá: *empresário & político.* São Paulo: Bianchi, 1987. (Coleção Livre Iniciativa).

_____. *Terapia do papel profissional.* São Paulo: Palavras e Gestos, 2009.

_____. *Jovem urgente.* São Paulo: Paulinas, 1974.

_____. *Men at work:* como o ser humano se torna e se mantém produtivo. São Paulo: Memnon, 1995.

HORNEY, Karen. *A personalidade neurótica de nosso tempo.* 8ª. ed. Rio de Janeiro: Civilização Brasileira, 1977. (Coleção Corpo e Espírito, v. 7).

_____. *Nossos conflitos interiores*: uma teoria construtiva das neuroses. 7ª. ed. São Paulo: Difel, 1982.

_____. *Neurose e desenvolvimento humano.* 2ª. ed. Rio de Janeiro: Civilização Brasileira, 1974. (Coleção Corpo e Espírito, v. 12).

_____. *Conheça-se a si mesmo (auto-análise).* 3ª. ed. Rio de Janeiro: Civilização Brasileira, 1964.

JUNG, Carl G. (org.). *O homem e seus símbolos.* Rio de Janeiro: Nova Fronteira, 2012.

JUNG, C. G. *Memórias, sonhos, reflexões.* Rio de Janeiro: Nova Fronteira, 1998.

_____. *Sincronicidade.* 4ª. ed. Petrópolis: Vozes, 1990. (Coleção Obras Completas de C. G. Jung, vol. VIII/3).

_____. *Ab-reação, análise dos sonhos, transferência.* Petrópolis: Vozes, 1987. (Coleção Obras Completas de C. G. Jung, vol. XVI/2).

_____. *O espírito na arte e na ciência.* Petrópolis: Vozes, 1987.

(Coleção Obras Completas de C. G. Jung, vol. XV).

_____. *Presente e futuro.* 2ª. ed. Petrópolis: Vozes, 1989. (Coleção Obras Completas de C. G. Jung, vol. XVI/2).

_____. *O desenvolvimento da personalidade.* 5ª. ed. Petrópolis: Vozes, 1991. (Coleção Obras Completas de C. G. Jung, vol. XVII).

_____. *O Eu e o Inconsciente.* 8ª. ed. Petrópolis: Vozes, 1990. (Coleção Obras Completas de C. G. Jung, vol. VII/2).

_____; WILHELM, R. *O segredo da Flor de Ouro.* 7ª. ed. Petrópolis: Vozes, 1992.

KRECH, David; CRUTCHFIELD, Richard S. *Elementos de psicologia.* 2 vol. São Paulo: Pioneira, 1971.

LAO-TSÉ. *Tao Te Ching.* São Paulo: Martin Claret, 2006.

SHINYASHIKI, Roberto. *A revolução dos campeões.* São Paulo: Gente, s/d.

TZU, SUN; PIN, SUN. *A arte da guerra.* São Paulo: Martins Fontes, 2002.

Este livro foi composto por letra em Adobe Garamond Pro
11,5/15,5 e impresso em papel Pólen Soft 80g/m².